이정희, 다시 시작하는 대화

새로운 시대, 동행을 위하여

이정희, 다시 시작하는 대화

새로운 시대, 동행을 위하여

ⓒ이정희 2017

초판 1쇄 발행일 2017년 2월 20일
초판 2쇄 발행일 2017년 3월 2일

지 은 이 이정희

출판책임 박성규
편집진행 유예림
편   집 현미나 · 구소연
디 자 인 김지연 · 김원중
마 케 팅 나다연 · 이광호
경영지원 김은주 · 박소희
제   작 송세언
관   리 구법모 · 엄철용

펴 낸 곳 도서출판 들녘
펴 낸 이 이정원
등록일자 1987년 12월 12일
등록번호 10-156
주   소 경기도 파주시 회동길 198
전   화 마케팅 031-955-7374 편집 031-955-7381
팩시밀리 031-955-7393
홈페이지 www.ddd21.co.kr

ISBN 979-11-5925-235-8 (03340)

이 도서의 국립중앙도서관 출판예정도서목록(CIP)은 서지정보유통지원시스템 홈페이지
(http://seoji.nl.go.kr)와 국가자료공동목록시스템(http://www.nl.go.kr/kolisnet)에서 이용하실
수 있습니다.(CIP제어번호: CIP2017003529)

이정희, 다시 시작하는 대화

새로운 시대, 동행을 위하여

정치적 현실주의를 넘어, 근본을 지향하는 진보적 상상력

들녘

서문

촛불의 광장에 230만 명이 모인 날, 광화문은 한 발짝 내딛기도 힘들 만큼 인파로 가득 찼다. 사람들의 목소리가 광화문에서 종로로 이어지다 사라져가지 싶었는데, 한참 뒤 거대한 함성이 다시 밀려왔다. 땅을 울리는 소리, 심장이 뛰었다. 누가 그 힘을 이길 수 있으랴. 누가 이 행동을 자신이 만들었노라 감히 말할 수 있을까. 2016년 겨울, 수많은 국민들이 현재를 과거로 밀어내고 미래를 앞당겨왔다.

2년 전에는 박근혜 정권에 의해 통합진보당 해산을 맞아야 했는데 이제 거꾸로 박근혜 탄핵을 눈앞에 둔 상황, 기쁘다고도 슬프다고도 할 수 없는 감정들이 뒤엉켰다. 이제는 국민의 힘으로 민주주의가 되살아나리라 기대하면서도, 통합진보당이 강제해산되고 진보정치는 흩어진 현실은 그대로라는 생각에

허탈하기도 했다. 이렇게 얼마 지나지 않아 세상이 바뀔 것을 왜 이기지 못하고 더 버티지 못했을까 회한도 다시 생겨났다.

통합진보당 해산 이후 2년, 어떤 것도 하지 못했지만, 진보정치가 국민들 속에서 신뢰를 얻어 세상을 함께 바꿔나가기를 바라는 마음은 변하지 않았다. 정치의 일선에 있을 때는 바쁘다거나 상황이 힘들다는 이유로 하지 못한 일들이 얼마나 중요한 것이었는지 새삼 깨닫는 시간이기도 했다. 진보정치가 국민들 삶의 변화에 함께하기를 바라며 새로운 정책과 가치를 고심했다. 그동안 이 말들은 어디에도 내놓을 수 없었다. 그러나 이제 아직 무르익지 못한 생각이어도 말문을 열고 조용한 대화라도 다시 시작하려 한다. 한 시대가 가고 새로운 시대가 오고 있으니.

1. 촛불혁명이 만든 새로운 시대

2016년 겨울, 연인원 천만 명이 촛불을 들고 대통령 퇴진을 요구했다. 그는 부패하고 불평등하며 뒤틀린 세상을 만들어낸 권력의 중심에서 자신과 측근들의 사적 이익을 위해 그 권력을 함부로 쓴 자이기 때문이다. 침몰하는 세월호 안에 사람이 있는데, 국민의 생명과 안전을 지켜야 하는 대통령은 올림머리에 시간을 보내며 다른 사람들에게 책임을 돌렸다. 304명의 생명보다 자신의 머리 모양이 더 중요한 사람이 대통령 자리에 있어서는 안 될 것이기에 국민들은 대통령 탄핵을 요구했다. 극한 경쟁과 소외, 커져가는 불평등 속에 젊은이들은 시들어가는데 대통령은 대기업들로부터 뇌물을 받고 권력을 이용해 특혜를 주며 사욕을 채웠다. 대통령은 그 직무수행을 위해 불기소특권으로 보호받아야 할 사람이 아니라 탄핵과 동시에 곧바로 처벌받아야 할 범죄자이기에 국민들은 행동을 멈추지 않았다.

추위에도 많은 부모들이 자녀들과 함께 촛불집회에 나왔다. 언론은 종종 이들에게 왜 아이와 함께 왔는지 묻는다. "역사의 현장을 아이들에게 보여주고 싶어서." "그때 아버지는 뭐했냐고 물으면 여기 있었다고 말해주려고." 부모들의 대답이다. 이 사회를 바꾸는 데 참여했다는 자긍심을 아이들에게도 갖게 해주려는 마음이다.

국민들은 촛불집회를 통해 말 그대로 대한민국의 '주권자' 지위를 획득했다. "국민의 명령에 따르라"며 대통령에게 퇴진하라고 외쳤고, 국회로 하여금 탄핵소추에 나서게 했다. 2008년 미국산 소고기 수입반대 촛불집회에서 시작된 주권자로서 자각이 이제 현실을 바꾸기 시작했다.

사람들은 촛불집회에서 대통령 퇴진을 외치는 데 멈추지 않았다. 창원에서 열린 촛불집회에서 스물네 살 전기공이 자유발언에 나서 "박근혜 퇴진하면 내 삶은 어떻게 달라지는 것이냐"고 물었다. 열심히 일해도 미래를 계획할 수 없는 자신의 삶은 과연 달라지는 것이냐는 물음에, 답은 무엇일까.

거리에서 촛불을 들고 일터에서 여론을 만들며 혁명에 나섰던 사람들, 이들은 누구인가. 경제성장에도 불구하고 경쟁의 벼랑 끝으로 내몰려 실적 독촉에 시달릴 뿐 일터에서 사람대접 받지 못했던 사람들이다. 민주화에도 불구하고 청와대든 국회든 어디서든 존중받지 못했던 사람들이다. 단군 이래 어떤 세대보다 뛰어난 능력을 갖추고도 대학입시 경쟁, 취업 전쟁에 좌절해야 하는 젊은이들이다. 87년 6월항쟁과 7, 8, 9월 노동자 대투쟁으로 이룬 민주화도 이들에게는 역사 속 이야기일 뿐 현실이 아니었다. "모든 국민은 인간으로서의 존엄과 가치를 가진다."고 말하고 "대한민국의 모든 권력은 국민으로부터 나온다."고 선언한 헌법도 이들에게는 종잇장일 뿐이었다. 더 이상 참을 수 없는 현실을 뒤엎어버리고 싶은 열망이 곳곳에서 울분으로 솟아나 눈물로 가라앉았다. 셀 수 없이 되풀이된 분노와 서러움의 눈물이 뒤섞이자 마침내, 세월호 참사 가족들, 백남기 선생님과 농민들, 비정규직 노동자들, 청소년들, 더 많은 사람들 각자의 열망이 2016년 겨울 광장에서 서로 만났다. 그 열망이 결국 국민들의 인간 선언, 주권자 선언을 이끌어냈다. 헌법의 두 문장이 87년 6월항쟁 이후 30년 만에 비로소 현실이 되었다. 박정희 유신독재의 계승자들이 역사의 무대에서 사라져간다. 이제야, 한 시대가 가고 새로운 시대가 온다.

헌법전 안에나 있던 인간의 권리를 실현하는 날들, 무시당했던 민중들이 주권자로 나서서 세상을 바꾸는 때가 지금에서야 제대로 시작된다. 새로운 시대의 문이 열렸다. 사람들은 자신의 삶이 나아지기를 바란다. 희망을 가질 수 있기를 바란다. 돈이 제일인 세상이 아니라 사람이 사람대접 받는 세상이기를 원한다. 사람을 극한 경쟁으로 내모는 세상이 아니라 서로 협력하며 함께 살아갈 수 있는 세상이기를 원한다. 특권과 차별이 없는 공정하고 평등한 세상이기를 원한다. 박근혜 퇴진은 우리가 바라는 방향으로 사회를 바꾸기 위한 시작일 뿐이다.

새로운 시대, 우리 앞에 펼쳐진 새로운 대지의 출발선에 촛불 혁명의 수많은 주인공들이 함께 서 있다. "세상이 뭐 이래, 세상이 그렇지 뭐." 했던 이들이었다. 그런데 이들이 모여 230만 촛불을 이루고 80% 여론을 만드니 세상이 달라지기 시작했다.

세상을 바꾸고 싶은 열망은 강렬하다. 그러나 새로운 세상의 모습은 아직 윤곽만 있을 뿐이다. 정권교체는 해야겠지만 그런다고 세상이 정말 달라질까. 새로운 대지에는 아직 어떤 길도 눈에 드러나지 않는다. 길을 닦을 도구도 제대로 갖춰져 있지 않다. 이렇게 길을 닦으면 된다고 방법을 내놓는 사람이 딱히 눈에 뜨이지도 않고, 믿을 만한 누가 있어 의지할 수 있는 것도 아니다.

다만 이것만은 분명하다. 이제 사람들은 뛰어난 누군가가 번쩍거리는 새로운 도구를 만들어낼 때까지 기다리지 않을 것이다. 스스로 새로운 도구를 만들고 길을 닦아나갈 터이다. 오솔길이 아니라 대로가 열린다. 길이 서로 만나 광장이 된다. 그것이 촛불혁명이 만든 새로운 시대다.

2. 새로운 대지에 길을 내자

수백 만의 촛불이 춤추는 장관을 보면서도 한편으로는 안타까움이 사라지지 않았다. 그토록 원했던 국민들의 장엄한 주권자 선언을 눈앞에 보면서도 여전히 국민들의 시야에 온전히 들어오지 못한 채 한 켠에 있는 진보정치의 모습에 마음이 쓰렸다.

이명박 박근혜 정권 9년, 진보정치는 일어설 때마다 종북공세로 휘청이고 갈라졌으며 다시 후퇴했다. 그 소용돌이가 휘몰아치는 시간 동안, 새로운 세상을 향한 진보정치의 상상력마저 초라하게 말라붙어버렸다. 화수분처럼 솟아나던 희망도 자신감도 젊음과 함께 잦아들었다. 세상은 언젠가는 바뀔 것이라는 목마른 기다림만 남은 때, 진보정치는 혼신의 힘을 다해 2015년 민중총궐기를 준비했고, 2016년 촛불혁명을 밑받침했다. 비로소 다시 문이 열렸다. 하지만 새로운 대지 어디에 길을 낼지, 진보정치는 아직 계획도 세우지 못했고 도구도 갖추지 못했다.

촛불혁명 이후 새로운 시대, 진보정치는 무엇을 할 수 있을까. 집으로 돌아오는 지하철 안에서 늘 고민스러웠다. 사람들이 자신이 바라는 세상을 더 자유롭게 말할 수 있게 돕는 일, 해고당하고 불이익을 받아 고통 속에 있는 사람들을 격려하고 감싸 안는 일처럼 지금까지 진보정치의 몫이었던 일들은 앞으로도 해나갈 것이다. 그러나 이것으로 진보정치가 제 할 일을 다한 것일까. 진보정치는 사람들 곁에 머무는 것을 넘어 세상을 바꿀 새로운 정책을 만들고 펼쳐가야 한다. 오래 쓰다 내려놓은 도구를 그대로 다시 들고서는 광활한 대지에 길 하나 제대로 내기조차 어렵다. 세상은 멈추지 않고 바뀌고 사람들의 생활도 감성도 변하는데 진보정치가 과거의 말을 똑같이 되풀이해서는 안 된다.

누구나 다 하는 말에 머물러서도 안 된다. '부자증세 서민복지'는 이제 야권 전체가 말한다. 진보정치의 성과이기도 하다. 하지만 진보정치가 여기에 멈춰 있는 것은 직무 유기다. 현재를 넘어 미래를 내다보아야 진보정치다. 미래를 향해 한 발 더 나아갈 용기를 사람들에게 불어넣어야 진보정치다. 이미 모두가 다 쓰는 도구보다 더 새롭고 쓸모 있는 도구를 만들어내야만 사람들이 나눠 갖고자 할 터이다. 새로운 대지에 길을 낼 수 있는 새롭고 쓸모 있는 진보정책이 필요하다. 그러나 그 새로운 도구를 만들기까지 기다리라고만 해서는 안 되는 것은 분명하다.

새롭고 쓸모 있는 도구란 무엇일까. 어떤 것이 새로운 진보정책일까. 더 정교한 실행단계를 둔 것, 또는 반대세력과도 타협 가능할 만큼 물러선 정책이 새로운 것인가. 아니, 오히려 "새로움"은 문제를 근본에서 해결하려는 노력 속에서만 모습을 드러낸다. 사람들에게 꼭 필요하지만 감히 생각조차 할 수 없던 것, 사람들이 절실하게 원했지만 보이지 않는 장벽에 막혀 누구도 입에 담지 못한 것이야말로 새롭다. 여전히 제 목소리 내기 어려운 사람들의 힘을 키워 그들 스스로 삶을 바꿔내게 할 근본적인 정책이야말로 새롭다.

정당이 유권자들의 지지를 모으려면 유권자들의 생활과 밀접한 구체적인 민생정책을 내놓고 그를 통해 유권자가 얻게 될 경제적 이익을 명확히 알려야 한다고들 한다. 정치평론가들이 자주 내놓는 충고다. 지금까지 진보정치는 자신의 정체성을 "부자에게 세금을, 서민에게 복지를"이라는 문구로 표현했다. 더 걷을 세금과 더 커질 복지권의 크기, 더 늘어날 돈의 액수를 말했다. 그런데 분명 진보정치는 17년 전 민주노동당 창당 때부터 이를 말해왔건만, 다른 야당들도 이 말을 하기 시작하자 국민들은 진보정치로부터 다른 야당들로 눈을 돌렸다. 왜 그럴까. 힘 있는 정당, 집권 가능성 있는 당이 하면 더 잘하리라는 합리적 추론의 결과다.

정책의 내용과 그 이익의 수치 말고, 진보정치가 이 정책을 통해 진정 바라는 것이 무엇인지 국민들에게 제대로 말해본 적 있나? 진보정치가 소중히 여기는 것들, 관심 두는 것은 무엇인지 말 건네본 적 있나? 진보정치는 무엇을 위해 새로운 정책을 만들고 추진하려 하는지 이야기했던가?

진보정치가 소중히 여겨온 것들은 사실 돈의 액수 이상의 것이었다. 권력과 자본 앞에 숨죽이며 시키는 대로만 해야 했던 노동자들이 제 목소리를 내고 노동조합을 만들며 인간답게 살아보는 행복을 느끼는 모습이 진보정치에는 가장 소중했다. 때로 경제적 이익을 포기해가며 인간으로서 자존심을 지키기도 하고 자신보다 다른 이에게 더 큰 이익이 돌아가도록 하면서 자긍심을 느끼는 존재가 사람이기에, 진보정치의 주된 관심은 임금 인상액이 얼마인지보다 평생 천대받고 살아온 노동자들이 사람대접 받는다고 느낄 수 있는지에 가 있었다. 하나의 정책이 유권자에게 가져다주는 경제적 이익의 크기보다는, 그 정책을 지지한 국민들이 얼마나 큰 보람과 자긍심을 느낄 수 있는지가 진보정치에게는 더 중요했다. 진보정치인이 장관 자리를 차지하는 것보다는, 노동자 농민 서민들이 대한민국의 주권자로서 힘을 갖는 것이 진보정치에 훨씬 중요했다.

새로운 정책을 내놓는 것, 이것으로 더 많은 사람들이 더 균등한 분배를 누릴 수 있다고 말하는 것으로는 충분하지 않았다. 모든 사람에게 '인간으로서 존엄'이 보장되고 노동자 농민 서민들이 '주권자로서 힘'을 발휘하는 세상, 이것이 진보정치가 끝내 이루려는 세상이라고 정확히 말해야 했다. 주권자들인 국민들이 저마다 두려움에서 해방되고 자신들이 스스로의 삶을 바꾸는 힘을 가진 존재라는 긍지를 찾아가는 것, 참으로 긴 여정이지만, 오직 진보정치만이 그 길을 함께 열어갈 수 있다고 믿기에 고단해도 포기하지 않는다고 말해야 했다.

촛불혁명을 이뤄낸 국민들은 이제 저마다 새로운 대지에 발을 들여놓으려 한다. 어디로 갈까, 누구와 함께 갈까, 아직 정해진 것도 없고 시작된 일도 없다. 하지만 '인간으로서 존엄'이 보장되고 '주권자의 힘'이 발휘되는 세상을 이뤄야 한다는 생각은 촛불이 소리 없이 번지듯 이미 국민들 마음속에 널리 퍼져나갔다. 진보정치가 그토록 이루고 싶어 했던 세상을 이제 국민들도 함께 꿈꾸고 있다. 촛불을 들고 거리에 나섰던 청년들, 비정규직 노동자들은 이제 더 이상 무한 경쟁에 내몰려 흩어진 채 숨죽여 살아가지 않을 터이다. 87년 6월항쟁이 7, 8, 9월 노동자 대투쟁으로 이어졌듯, 2016년 촛불혁명은 청년들과 비정규직 노동자들의 인간 선언, 주권자 선언으로 분출할 것이다.

진보정치가 국민들과 새로운 대지에서 동행하고자 한다면, 개별 정책의 내용과 그 이익을 말하는 데서 그치지 말고 자신이 추구하는 지향을 국민들에게 정확하게 전해야 한다. 국민들은 자신이 바라는 세상과 진보정치가 바라던 것이 다르지 않음을 확인해야 비로소 광활한 대지에 함께 발을 들여놓을 것이다. 진보정치의 궁극적 지향에 공감할 수 있어야 진보정치가 만들어낸 새로운 도구를 찬찬히 살펴보고 이것으로 어떤 효과를 낼 수 있는지 따져볼 것이다. 인간으로서 존중받고 사람답게 사는 자긍심을 느끼며 주권자로서 힘을 발휘하고 싶은 열망을 진보정치를 통해 실현시킬 수 있다는 확신이 서야 비로소 그 새로운 진보정책을 도구로 삼아 바윗돌을 함께 치울 것이다.

진보정치의 궁극적 지향에 공감하는 사람이 끊임없이 늘어나고, 그 공감 위에 자신을 사람답게 살게 격려해주고 더 좋은 사람이 되도록 동행해준 존재라는 신뢰가 차곡차곡 쌓이고, 동료들과 집단을 만들고 노동조합을 결성해 스스로의 힘을 키워나가는 사람들이 많아질 때, 그 힘이 진보정치로 모일 때 비로소 진보정치는 세상을 바꿀 수 있다.

공감을 만들고 신뢰를 쌓고 힘을 키우는 일은 권력이나 돈으로 할 수 없다. 오직 사람의 땀으로만 해낼 수 있다. 청년들과 사이에, 비정규직 노동자들과 사이에 진보의 지향에 대한 공감을 만들어내고 신뢰를 쌓아갈 사람, 새로운 인물이 필요하다. 새로운 시대를 열어갈 새로운 인물을 키워낼 수 있어야 진보정치다.

3. 다시 대화할 수 있어 감사한 오늘

진보정치는 2000년 민주노동당 창당부터 2014년 통합진보당 강제해산까지 대부분의 시간 동안, 대다수 국민들에게 낯선 존재였다. 수십 년 동안 보수 양당의 각축과 타협으로만 채워져온 한국 정치에서, 노동자 농민 민중의 권리, 평등과 통일을 말하는 진보정당은 "되지도 않을 말만 하는" 현실과 동떨어진 집단이었다. 민주노동당이 이명박 정권 치하에서 야권연대와 진보대통합을 추진해 2010년 지방선거를 야권의 승리로 이끌면서 비로소 진보정치는 국민들에게 한 걸음 다가서기 시작했다. 2012년 국회의원 선거에서 여소야대와 통합진보당 원내교섭단체 구성 목표를 달성하면 진보정치는 국민들에게 현실 정치세력으로 인식될 수 있을 터였다.

그러나 이명박 박근혜 정권은 권력 유지를 위해 야권연대를 막는 데 몰두했고, 이를 위해 통합진보당을 최우선 공격대상으로 삼았다. 정권이 통합진보당을 부정세력으로 낙인찍고 집요하게 종북몰이를 벌이자, 진보정치 내의 일부는 낙인을 피해 공격에 동참하고 당을 떠났다. 통합진보당은 국민들로부터 따돌림당하고 정치권에서 배제당했다. 2013년 여름 국정원 대선 불법 개입을 밝히는 데 통합진보당이 적극 나서며 촛불 속에서 부활하자 국정원은 내란음모사건을 조작했고, 통합진보당은 불가촉천민으로 전락한 채 강제 해산당하고 말았다. 진보정치의 가장 큰 세력이었던 통합진보당이 국민들 곁에서 내쫓기자, 다른 진보정당들은 진보적 입장을 버리고 보수 야당과 다를 것 없는 수준으로 후퇴하거나 아예 국민들의 눈에 뜨이지도 않을 만큼 왜소해졌다.

2016년 겨울 촛불혁명이 이루어지기까지 통합진보당과 그 구성원들이 겪은 고통도, 그럼에도 불구하고 드러나지 않게 흘린 땀도, 이루 다 말할 수 없을 정도다. 당원들과 지지자들을 가장 고통스럽게 한 것은 진보진영 안에서조차 정권의 부당한 종북몰이로 고통받은 피해자로 받아들여지지 못하는 현실이었다. 피해자임이 분명하건만 피해자라고 말할 수 없었다. 2012년 비례대표 경선 부정논란 이후 그들은 역사의 뒤안길로 사라져야 할 패권집단으로 비난받았고 2013년 내란음모조작사건 이후에는 진보진영을 위해 숨죽일 것을 암묵적으로 강요당했으며 2014년 강제해산 이후에는 누구보다 땀 흘려 노력해도 보이지 않는 존재로 취급되었다. 많은 당원들은 피해자로 인정받고 피해자라고 스스로 말할 수 있게 되기를 원했을 것이다. 통합진보당 강제해산과 내란음모조작사건의 부당성을 알리기 위해 당원들이 힘겹게 노력해온 것에는 "저도 피해자입니다.", "저희도 애썼습니다."라고 말이라도 할 수 있기를 바라는 마음도 있었으리라.

그러나 나는, 통합진보당 강제해산과 내란음모조작이 분명히 박근혜 정권의 심각한 악행임에도 불구하고, 나 자신을 정권으로부터 고통받은 다른 피해자들과 같은 자리에 놓을 수 없었다. 나는 "피해자"이기 이전에 "책임자"이기 때문이다. 진보정당은 어떤 걸림돌도 뛰어넘고 민중의 삶을 지키는 책임자로 일하겠다고 스스로 나선 집단이다. 나는 그 집단의 행동과 성패에 최종 책임을 지는 대표였다. 통합진보당의 분열과 강제해산은 진보정치의 지지자들에게 큰 실망과 좌절을 안겼다. 오랜 기간 진보정당의 당원으로 지지자로 살아온 분들이 진보정치에 자신의 인생을 걸었던 분들임을 생각하면, 그 앞에 어떤 변명도 내놓을 수 없다.

통합진보당 해산은 당연히 야권 전체가 크게 위축되는 결과를 낳았다. 국민들은 가혹한 폭정에 무방비 상태로 노출되어 이루 말할 수 없는 고통을 겪어야 했다. 국정원은 위기 탈출에 성공해 되살아났고, 세월호 참사 가족들은 정권의 방해와 괴롭힘에 시달렸으며, 백남기 선생님이 물대포에 맞아 세상을 떠나셨다. 종북몰이는 대상을 가리지 않고 횡행했다. 통합진보당이 국민들의 마음을 얻어 강제해산을 막을 수 있었다면 이런 상처와 고통을 막을 수 있지 않았을까, 아픔을 조금이라도 줄일 수 있지 않았을까, 죄책감을 덜어낼 수 없다. 그 책임은 여전히 언제까지든 내가 감당해야 할 몫이다.

2016년 촛불의 겨울을 보내며 국민들은 생각을 바꿔가고 있다. 박근혜와 새누리당 지지에서 급격히 이탈한 국민들은 어느 때보다 절실히 정권교체를 원한다. 통합진보당에 대한 배제의 태도와 진보정치에 대한 실망감도 조금씩 변하고 있다. 새로운 시대를 여는 자리에 함께 있었다는 경험을 공유했기 때문이기도 하고, 고(故) 김영한 민정수석의 업무일지가 공개되면서 통합진보당의 분열과 강제해산이 박근혜 정권의 집요한 공작정치의 결과물이라는 점이 분명히 드러난 결과이기도 하다. 그러나 아직도 진보정치에 대한 실망감도 거리감도 남아 있다. 두려움도 모두 사라진 것은 아니다. 진보정치가 국민들과 함께 새로운 시대를 책임지고자 한다면, 국민들과 적극적으로 대화하고 새로운 여정의 동반자가 되려는 노력을 기울여야 할 때다.

쉽기만 한 대화는 아닐 터이다. 2012년 봄 이후, 진보정치는 국민들과 사이에 어떤 진지한 대화도 나누기 어려웠다. 미래에 대해서는 더 말할 나위 없었다. 나 스스로도 2016년 2월 『진보를 복기하다』를 펴내면서도 통합진보당 강제해산에도 불구하고 버리기 아까운 진보정책들을 정리해 누군가 다시 쓸 수 있도록 하는 데서 멈추었다. 진보정치 흥망성쇠의 한복판에 있던 내가 과거를 어떻게 돌아보고 당사자로서 무엇을 책임져야 한다고 생각하는지 다 내놓고 말할 수 없었다. 지금도 무척 조심스럽다. 진보정치에 대한 국민들의 시선이 조금이나마 나아진 때에 새삼스럽게 지난 이야기를 꺼내는 것이 그동안 어려움 속에 진보정치를 일으키려 애쓴 분들에게 다시 상처가 되지 않을까 걱정스럽기도 하다.

그런데도 굳이 이 글에서 과거와 미래를 함께 말하는 것은, 이 글을 쓰는 지금의 나는 과거로부터 출발하여 미래로 가는 이어진 길 위에 있기 때문이다. 과거에 대한 나의 고백과 미래를 향한 제안 역시 서로 잇닿아 있다. 과거를 돌아보는 일 없이 미래를 말하는 것은 무책임한 일이다. 더구나 중요한 시기에 진보정치를 책임져야 할 위치에 있었던 사람이, 미래를 말하면서 현재를 만들어낸 자신의 한계와 실책을 말하지 않는 것은 정직하지 못한 행동이다. 과거만을 놓고 보더라도, 통합진보당을 분열과 강제해산으로까지 끌고 간 수구집권세력의 공작정치의 실상을 역사에 기록해두는 것도 필요하지만, 그조차도 내부로부터 일어난 갈등과 분열을 막지 못한 나의 책임을 빼놓고 말할 수 없다. 길게 보면 역사는 정방향으로 흐르지만, 사람이 하는 일인지라, 크고 작은 굴곡을 겪는 것은 사람 개개인의 실책과 한계와 밀접히 관련되어 있기 때문이다.

그 때문이다. 이 글에서 회고하는 과거는 모두의 이야기이거나 객관적인 서술이 아니라 나의 이야기이다. 그 시간을 되풀이하지 않기 위한 해법도 내 경험과 생각의 한계를 뛰어넘지 못한다.

더 나은 방법을 시도하고 실행하는 많은 분들의 노력이 머지 않아 결실을 맺으리라 믿는다. 미래를 말하고 진보정치에 대해 제안하지만 여느 정치인들처럼 내가 해내겠다고 단언하지 못하는 것도 죄송스럽다. 그러나 말조차 꺼낼 수 없었던 시간에 비하면, 대화를 시도해볼 수 있는 오늘은 무척이나 감사한 날이다.

차례

서문 5

1부 한 시대를 보내며

1장 **지나간 시대의 이야기**

무슨 일이 있었나 27
이 일을 벌인 사람들은 누구인가 60
이 일을 가능하게 한 한국 사회 67

2장 **과거에서 미래로 가기 위하여**

이 일을 되풀이하지 않으려면 79
그럼에도 불구하고, 내가 책임져야 할 것들 87
미래로 가기 위해 바꿔야 할 것들 97

2부 새로운 시대, 동행을 위하여

1장 **다음 세대의 진보정치**

진보정치의 궁극적 지향 107
근본적 입장을 지켜야 125
진보적 상상력의 근거는 저항권 137
새로운 세대, 새로운 인물이 나와야 146

2장 **근본적 접근 1—비정규직의 노동자선언**

'노동자'로 인정받지 못하는 노동자, 비정규직 151
노동법에 가로막힌 비정규직 노동자들의 시도 165
종속되어 일하면 노동자다 173
비정규직의 노동3권 보장과 정규직 전환 특별법 178

3장 **근본적 접근 2—청년과 청소년 노동**

청소년노동보호법을 만들자 199
4명 이하 사업장, 프랜차이즈 알바 217
소규모 점포 알바 229
청년 노동자의 진출이 새로운 시대를 연다 236

4장 **촛불혁명의 주인공들에게**

정치는 혐오스러운 것? 239
왜 정치에 참여해야 할까 244
용기와 신뢰 247
내게 필요한 것, 노동조합과 진보정당 249

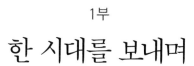

1부

한 시대를 보내며

1장
지나간 시대의 이야기

무슨 일이 있었나

2014년 12월 19일, 통합진보당이 강제 해산당했다. 당의 모든 활동은 금지되었고 당 소속 국회의원 전원이 의원직을 박탈당했다. 정치권은 헌법재판소의 결정을 존중한다고 했다. 그렇게 종지부를 찍은 통합진보당 강제해산 사건의 내막이 2016년 12월, 고 김영한 민정수석의 업무일지가 공개되면서 다시 드러나기 시작했다. 박근혜 대통령과 김기춘 비서실장의 청와대가 무엇을 꾸몄고 어떤 일을 실행했는지가 2014년 6월부터 2015년 1월까지의 업무일지 기록으로 소상히 밝혀졌다. 박근혜 정권은 왜 통합진보당을 강제 해산시켰나. 그들은 강제해산을 통해 무엇을 하고자 했나.

: 2012년 3월, 폭풍의 시작

시작은 19대 국회의원 선거를 앞두고 있던 2012년 3월경부터
다. 사상 최초로 전국적 야권연대를 이뤄낸 민주통합당과 통
합진보당은 국회 과반수 의석 확보를 목표로 했다. 통합진보당
은 20석 이상 당선으로 원내교섭단체 구성을 공언했다. 보수언
론은 아연 긴장해 통합진보당이 원내교섭단체가 되면 "대한민
국이 세계에서 가장 정치 정세가 불안한 나라가 될 것"이라고
국민들의 불안을 조장하고[1] "민주통합당의 공약이 진보정당을
따라다니고 있다"[2]며 야권연대의 틈을 벌리려 나섰다.

당시 나는 서울 관악 을(乙) 통합진보당 후보였다. 민주당 후보

<hr>

1 야권연대가 성사된 직후인 2012년 3월 12일 〈조선일보〉는 1면에 「뭉친 야 '전부
뒤집기' 선언」 기사를 비롯해 「국보법 폐지·무상 시리즈… 3%당 정책, 국정 중
심으로」, 「한미 FTA 무효화… 제주 해군기지 전면 재검토」, 「수십조 재원 대책
은 없이 '3無」 등 10건의 보도를 쏟아냈다. 〈조선일보〉는 야권연대가 "과거 노
무현 정부에서 추진한 주요 국가 정책마저 부인하고 나선 것"이라며 야권 지지
자들을 갈라 세우는 한편, "다음 정권의 청와대와 내각 회의에 한미동맹 해체
같은 진보당 주요 정책이 현안으로 오를 날이 다가온다", "좌우충돌, 소득 계층
간 이해 갈등, 재정 악화, 대기업의 국외 탈출 움직임도 본격화될 것"이라고 국
민들의 불안감을 조장하며 수구집권세력에게 극도의 긴장감을 불어넣었다.

2 〈중앙일보〉 2012년 3월 12일 자, 「좌파정당 첫 원내교섭단체 탄생하나」, 〈동아일
보〉도 2012년 3월 12일 「야권 정책합의, 경제 활력 죽이면 서민 더 어렵다」 사설
등에서 "숙원이던 원내교섭단체 구성에 한 발짝 다가서게 된 진보당은 야권연대
에 대체로 만족하는 반면 민주당에선 후폭풍이 거세다"고 보도했다.

와 경선 과정에서 우리 운동원들의 여론조사 조작 사실이 밝혀졌다. 곳곳에서 야권연대 과정의 갈등이 생겨났다. 나는 총선을 끌고 가야 할 책임자로서 사태를 해결해야 했다. 후보에서 사퇴했다. 민주당 지지자들로부터도 신뢰받을 수 있는 사람이 필요했다. 나는 2010년 서울시장 선거에서 민주노동당 후보로 야권연대를 만들었던 이상규에게 후보를 맡아달라고 부탁했다. 흔들렸던 야권연대는 다시 봉합되었다.

야권연대만 단단하다면 질 선거가 아니라고 생각했다. 보수언론은 "(경기동부연합의) 얼굴 대신 몸통이 나섰다"[3]며 통합진보당에 대한 종북 공격을 이어가려 했지만 야권연대를 무너뜨릴 정도는 아니었다. 하지만 막상 선거운동에 들어가자 정권교체를 위해 야권연대를 지지해달라는 것만으로는 힘이 붙지 않았다. 2010년 지방선거에서 무상급식 바람이 분 것과 달리, 진보적 정책 의제가 떠오르지도 못했다. 보수언론은 야당 후보 공천이 잘못됐다며 집요하게 공격했다. 결과로 새누리당은 152석, 야권은 과반 의석 확보에 실패했다. 국민들의 실망감이 상당했다. 통합진보당은 지역구 7석, 비례 6석으로 모두 13석 의석을 확보해 사상 가장 좋은 결과를 냈지만, 당초 목표에는 미치지 못했다.

---

3 〈동아일보〉 2012년 3월 24일 자, 「'얼굴' 대신 '몸통'으로… 이정희 불출마… 진보당, 이상규 서울 관악 을 공천」

민주노동당과 국민참여당, 진보신당 탈당파인 새진보통합연대가 2011년 11월 통합진보당 창당에 전격 합의한 배경에는 2012년 총선에서 모두가 큰 성과를 얻을 수 있다는 한껏 높아진 기대가 있었다. 지역구에서도 야권단일후보가 되면 당선을 바라볼 수 있는 곳이 상당수였다. 2장 투표용지 중 1장은 야권단일후보에게, 1장은 통합진보당에게 달라고 SNS로 바람을 일으키면 2004년 민주노동당 비례의석이었던 8석 이상의 당선자를 낼 수 있다고들 했다. 비례경선 전 과정에 노조 차원에서 나선 후보가 6명이나 될 만큼, 노동자들의 관심도 컸다. 그러나 결과가 기대에 미치지 못하자 폭풍이 몰려왔다. 비례대표 후보 경선 과정에서 후보들 간 갈등을 봉합해둔 것이 그 발단이었다.

통합진보당은 민주노동당과 같이 모든 공직후보를 당원 투표로 선출했다. 2012년 총선 비례후보 선출 방식은 투표 사이트를 통한 '인터넷 투표', 당사나 당원들이 많은 노조 사무실에 투표소를 설치하는 '현장 투표' 두 가지였다. 비례 3번에서 7번까지는 청년, 외부 영입 인사, 장애인이고, 나머지 번호를 당내 경선 결과에 따라 배정하기로 했다. 공직선거법상 비례 순번은 홀수 여성, 짝수 남성이므로, 여성 1위, 남성 1위가 비례 1번, 2번이 되고, 남성 2위가 비례 8번, 여성 2위가 9번, 남성 3위가 10번이 되는 것이었다.

그런데 비례후보 선출투표 결과 여성 2위로 집계된 참여당 출신 오옥만 후보가 일부 현장투표가 무효라고 거세게 이의를 제기했다. 여성 1위 민주노동당 출신 윤금순 후보에게 몰표가 나온 지역이었다. 당 중앙선거관리위원회는 오옥만의 이의를 심사하고 일부 현장투표함들을 무효 처리했다. 그러나 그렇게 해도 윤금순-오옥만의 순위는 바뀌지 않아, 윤금순은 비례 1번, 오옥만은 9번을 받게 되었다.

하지만 오옥만은 다른 부정이 더 있다는 의혹을 거두지 않고 검찰에 고발하겠다며 나섰다. 총선을 20여 일 앞둔 때였다. 당이 분란에 휩싸인 것이 공개되면 총선 결과가 나빠질 것은 불보듯 뻔했다. 공동대표단은 합의를 유도했다. 오옥만이 당선되면 이의를 제기하지 않기로 했다. 만일 오옥만이 낙선해 결과적으로 당락에 영향을 미친 것이 되면 진상조사위원회를 구성해 재조사하고 그 결과 순번이 바뀔 정도로 윤금순이 책임질 일이 있으면 사퇴까지 포함해 책임지기로 하여 갈등을 봉합했다.

남성 후보들 사이의 문제는 민주노동당 출신 이영희-참여당 출신 노항래 후보 사이에 벌어졌다. 이영희 남성 2위, 노항래 남성 3위가 처음 집계였다. 그런데 이영희 몰표가 나온 노조 현장투표함 하나가 무효 처리되자 노항래가 남성 2위로 올라섰다. 그러자 민주노총 관계자들이 당선권에 노동후보가 없으면 안 된다며 해당 투표소만 재투표하자고 주장했다. 결국 공동대표단은 노동후보가 당선권에 배정되는 것이 필요하다는 점을 노항래가 양해하여 순위를 양보하는 것으로 합의를 유도했다.

총선 이후 공동대표단이 가장 먼저 한 일이 진상조사위원회를 구성한 것이었다. 주로 윤금순-오옥만 사이의 다툼이었지만 이영희-노항래 사이의 문제까지 일괄 처리하기로 했다. 네 후보가 진상조사위원을 한 명씩 추천하게 하고, 조준호 공동대표에게 진상조사위원장을 맡겼다. 외압을 막기 위해 진상조사위원회의 독립적 활동을 보장했고, 필요한 만큼 제한 없이 조사하게 했다.

: 비례경선 부정논란

2011년 11월 통합 협상 당시, 총선까지는 공동대표 체제로 가되, 총선이 끝나는 즉시 동시 당직 선거를 치르기로 약속되어 있었다. 국회 개원 전인 2012년 5월 20일경 당직 선거를 마무리하기 위해, 공동대표단은 진상조사위원회 활동을 일주일 남짓한 시간 안에 마치기로 의논했다. 네 후보들 사이의 의심을 재검표로 확인해서 풀면 되니 그리 오래 걸릴 것도 없었다.

여기까지 총선 뒷정리를 마치고 나는 다른 공동대표들에게 당의 업무를 맡기고 서울을 떠났다. 정치를 계속해야 한다면 국회의원 직책의 의무감을 넘어선 나 스스로의 이유가 필요했다. 그것을 찾기 위해 한 달 예정으로 부산의 한 요양원에 일하러 갔다.

그런데 진상조사위원회 활동이 예상 외로 길어지고 동시 당직 선거 공고가 미뤄졌다는 소식이 들려왔다. 보름 만에 급히 서울로 올라왔지만, 선거가 부정이라는 말만 있을 뿐 구체적인 사실 하나 알 수 없는 상황에서 수습대책이 거론되었다.

진상조사결과 발표 전날 밤, 공동대표들이 모였다. "중앙당 당직자가 소스 코드를 열어보고 나면 이석기 후보 표가 올라갔다.", "뭉치표가 나왔다니 부정이 아니고서는 있을 수 없는 일 아니냐."고들 했다. 민주노동당 출신들이 현장 투표에서 대대적인 부정행위를 했고 민주노동당 출신 중앙당직자가 인터넷 투표에서도 부정을 저질러 그 결과로 이석기 후보가 최다득표를 했다는 인식이 전제되어 있었다. 도대체 누가 어떤 부정행위를 했는지 묻는 나에게 돌아온 답은 "사실이 무엇인지 말하자는 것이냐, 그러면 이 자리에서 일어나겠다. 대책만 의논하러 왔다."는 것이었다.

5월 2일, 조준호 진상조사위원장이 비례경선이 '총체적 부정선거'였다고 발표했다. 그러나 다음 날 오전까지도 나는 진상조사보고서조차 받아보지 못했다. 작성 중이라는 이유였다. 내용을 전혀 알 수 없게 배제된 상태였지만, 나는 공동대표로서 비례경선을 둘러싸고 선거관리가 미비해 논란이 벌어진 것 자체에 대해 국민들 앞에 먼저 사과했다.

진상조사보고서가 공개된 5월 3일, 나는 누구든 잘못이 확인되면 사퇴시키겠다고 마음을 단단히 먹고 혼자서 보고서를 일일이 검토했다. 그런데 이상한 점이 하나둘 보이기 시작했다. 대표적인 것이 충북 청주와 청원 두 개의 현장투표소를 한 사람이 관리해 부정이라고 한 사례다. 다른 지역에 설치된 두 개의 투표소를 어떻게 한 사람이 관리할 수 있느냐는 것이었다. 처음에는 맞는 지적이라 생각했다. 그런데 진상조사위원회에 낸 당 중앙선관위 자료를 보니, 투표 실시 이전에 작성된 현장투표소 설치 계획서에 청주와 청원 현장투표소 설치 장소가 '청주 OB 맥주 공장 노조 사무실' 한 곳으로 되어 있었다. 청주시와 청원군은 바로 인접해 있는데, 이 공장에 청주·청원 당원들의 다수가 근무하기 때문이었다. 부정 사례가 아니라, 두 개 투표소를 한 사무실에 설치하기로 미리 보고하고 한 사람이 관리한 것에 불과했다. 진상조사위원회가 선관위 보고자료조차 보지 않고 보고서를 작성한 것이 명백했다.

5월 4일 오전, 부정 사례로 명기된 수십 곳에 일일이 경위를 확인했다. 투표 과정에서 작성된 서류 두 건에 필체가 다르다며 부정 사례로 명기된 지역 담당자는, 평소 흘림체로 이름을 적는데 개표록만큼은 정자체로 써야 한다고 생각해서 필체가 다를 뿐 모두 자기 글씨가 맞다며 확인을 위해 글씨를 다시 써서 보내왔다. 진상조사위원들이 전화 한 번 해서 물어보기만 했어도 부정으로 몰리지 않을 일들이었다.[4] 진상조사보고서가 잘못된 것이 분명했다. 공동대표들에게 '뭉치표'를 비롯한 증거들을 다시 확인하자고 제안했다. 그러나 받아들여지지 않았다. 거절하는 이유조차 듣지 못했다.

진상조사보고서의 핵심 첫 번째는, 수십 곳의 현장투표에 부정이 있고 그 비율이 너무 높아 "모든 현장투표 자체가 무효"라는 것이었다. 진상조사위원회가 현장투표가 부정투성이라는 선입견으로 초보적인 사실 확인조차 없이 지역 담당자들 다수를 부정행위자로 몰아세운 격이었다.

'뭉치표'도, 두 달 뒤 2기 진상조사위원회가 직접 확인한 결과 사실이 아니었다. 투표함에서 투표용지 몇 장이 함께 접힌 채

◇◇◇◇◇◇◇

4   나는 자체 조사한 결과를 급히 정리해 2012년 5월 8일 '진상조사보고서 검증공청회'를 열었다.

발견된 것이 아니라, 이미 지역 선관위에서 개표하면서 펼쳐 확인한 투표용지를 차곡차곡 포개 보관하다가 중앙당에 보냈는데 투표지 끝부분에 남아 있던 접착제가 서로 달라붙은 것에 불과했다. 2기 진상조사위원들도 보고서에 '뭉치표'는 사실이 아니라고 쓸 수밖에 없었다.

진상조사보고서의 핵심 두 번째는, 인터넷 투표에 "부정이 없다고 할 증거도 없다"는 것이었다. 중앙 당직자가 서버를 열어보고 나면 이석기 득표가 급격히 올랐다는 의혹은, 두 달 뒤 2기 진상조사위원회의 위촉을 받은 디지털 포렌식 전문가 김인성 교수가 투표 관리 서버의 로그 기록 일체를 분석하면서 전혀 근거 없는 것으로 드러났다. 오히려 오옥만 측의 대규모 대리투표가 밝혀졌다.

하지만 언론은 물론 대부분의 민중진영과 시민단체들도 진상조사보고서를 정당한 내부고발로 받아들였다. '경기동부'가 주민등록번호가 같은 유령당원들을 관리해 당권을 장악한다거나,[5] 투표율이 100%를 넘는 지역이 있다[6]는 등 터무니없는 오

---

5 〈오마이뉴스〉 2012년 5월 10일 자, 「주민번호 뒷자리 같은 당원 무더기 발견, 소스코드 열린 뒤 한 후보 득표율 수직상승 - [단독 인터뷰] 통합진보당 조준호 위원장」

보까지 이어졌다. 이른바 '진보언론'이 낸 오보의 악영향은 심각했다. 진상조사보고서가 잘못되었다는 반박도, 오보를 바로잡는 해명도 통하지 않았다.[7] 책임을 회피하는 주장으로 더 크게 비난받을 뿐이었다. 사태는 급격히 경선에 참여한 비례후보 전원 사퇴로 흘러갔다.

민주노동당 창당의 주역이었던 민주노총이 통합진보당 지지를 철회한다고 선언했다. 민주노총 중앙 간부들은 당에 어떻게 경선 부정이 있을 수 있느냐며 격렬히 항의했다. 노동현장은 말을 붙이기도 어려울 만큼 싸늘했다. 민주노동당은 2008년 이후 진보대통합과 야권연대를 추진하면서 기성 정치에서 힘을 키웠지만, 노동문제에서는 이렇다 할 성과를 내지도 못했고 노동자들의 힘을 모아 대안을 추진하지도 못했다. 노동자들의 당 활동은 당비 납부 외에 거의 없었다. 노동자들이 애써 민주노동당을 만들었건만 당은 노동자들을 활동에 적극 참여하게 하지도 않고 노동 현실을 바꾸지도 못하면서 분열만 보여주더

◇◇◇◇◇◇◇

6 〈경향신문〉 2012년 5월 10일 자, 「통진당 아닌 진통당 되다 – [단독] 통합진보 경선 투표율 100%가 넘는 곳 2곳 확인」

7 비례경선 사태의 자세한 사실관계는 다음 책을 참조하면 된다. 김인성·이병창 외 지음, 『진보의 블랙박스를 열다—2012년 통합진보당에 무슨 일이 있었나?』 (들녘, 2012).

라는 쌓이고 쌓인 실망이 한꺼번에 쏟아졌다. "돈 대주고 몸 대줬는데 한 게 뭐 있냐"는 말이 터져 나왔다. 진상조사보고서가 거짓임을 알게 된 노동자들도 절반은 "그러게 왜 통합했냐"고 했다. 진보정치의 오랜 기반이 그렇게 무너져 내렸다.

: 마녀사냥과 종북몰이, 정권교체 실패

2012년 5월, 통합진보당은 하루아침에 부정한 정당으로 전락했다. 이석기, 김재연 국회의원에게는 부정경선으로 당선되었다는 누명이 씌워졌다. 두 의원이 사퇴해야만 당이 위기에서 벗어난다는 여론이 당 안팎에 넘쳐났다. 잘못된 진상조사보고서를 폐기하고 진실을 밝히자는 사람들은 당의 미래는 상관없이 자기 정파의 이익만을 움켜쥐고 진보를 몰락시키는 극히 이기적인 집단, 해법을 찾지 않고 버티기만 하는 무책임한 사람들로 매도당했다.

내가 서울을 비우고 임무를 방기한 보름 사이에 벌어진 일들이었다. 수많은 동료들이 부정선거범으로 몰리게 놓아둔 사람이 바로 나였다. 나 역시 부정세력을 옹호하는 사람으로 비난받았다. 하지만 진상조사보고서가 거짓임을 확인한 사람은 바로 나 자신이었으므로, 마녀사냥을 피하려고 동료들을 팔 수는 없었다. 그동안 쌓아온 것들, 전도양양해 보이던 미래가 한 순간에 화형대에서 불타 없어졌다. 이런 것이 정치생명을 잃었다고 하는 것이로구나 받아들였다.

5월 12일 열린 대의원대회에서 대의원들의 상당수가 회의 전 날 급작스럽게 교체된 참여당 출신 일부 대의원들의 자격 문제를 제기했다. 하지만 계속된 항의에도 불구하고 의장단이 안 건 가결을 선포하자 급기야 일부 당원들이 연단에 뛰어올랐다. 이른바 '당권파'는 폭력세력의 멍에까지 쓰고 완전히 추락했다. 이틀 뒤 박영재 당원이 몸을 불사르며 통합정신으로 돌아가자고 호소했지만 사태는 해결될 기미를 보이지 않았고 박영재 당원은 끝내 목숨을 잃었다.

이석기, 김재연 의원에 대해 당 안팎의 사퇴 요구가 더욱 커지던 때, 박근혜 새누리당 비상대책위원장이 "국회라는 곳이 국가의 안위를 다루는 곳인데, 기본적인 국가관을 의심받고 있고 국민들도 불안하게 느끼는 이런 사람들이 국회의원이 돼서는 안 된다고 생각한다."며 문제를 종북 논란으로 몰고 갔다. 총선 전과 비교할 수 없는 종북몰이 폭풍이 몇 달 동안이나 계속됐다. "부정, 폭력, 종북", 통합진보당에는 이 세 마디가 붙어 다녔다. 집단 탈당한 사람들이 내세운 이유는 '부정세력'과 함께할 수 없다는 것이었는데, 당에 남은 사람들에게 쏟아진 더 큰 공격은 '경기동부에 장악된 종북세력'이라는 것이었다. 바로 몇 달 전 10.3%, 220여 만 유권자의 표를 얻은 통합진보당의 지지율은 바닥까지 떨어졌다.

이 모든 일이 다 있은 뒤인 11월 15일, 검찰은 비례경선 수사 결과를 발표했다. 오옥만과 그가 추천한 진상조사위원, 참여당 출신 당직자인 2기 진상조사위원회 간사, 이영희 등이 대규모 인터넷 대리투표를 주도한 사실이 밝혀져 구속되었다. 오옥만 자신이 징역 1년 6월에 집행유예 3년 등 무거운 형을 받았다. 역설적으로 이석기, 김재연 의원은 어떤 위법사실과도 관련 없는 것으로 결론 났다. 새누리당 의원들은 채동욱 검찰총장에게 '왜 이석기, 김재연 의원의 위법사실을 밝혀내지 못하고 소환하지도 않느냐'고 추궁했지만, '최선을 다해 조사했지만 혐의를 확인하지 못했다'는 것이 채동욱 총장의 답변 취지였다.[8] 로 그 기록 분석 결과로도, 검찰 수사 결과로도, 비례경선에서 조직적인 대규모 부정을 저지른 주범은 경선 결과에 강력 반발

◇◇◇◇◇◇

8 2013년 4월 2일 열린 국회 인사청문회에서 채동욱 검찰총장 후보자의 관련 발언은 다음과 같다. "제가 기억나기로는 그 당시에 하여튼 전국 검찰을 다 공안부에서 지휘를 해서, 동원해서 그 많은 인원을 다 조사했고요. 그 다음에 압수수색도 참 여러 군데를 압수 수색했던 기억이 나고, 그런 일련의 과정에서 그 사건 전모를 규명하기 위해서 당시 검찰 입장에서는 최선을 다했었다고 제가 기억을 합니다. 공안 파트에서는 아마 그 부분에 대해서 소환에 이를 만큼 증거에 자신이 없지 않았나 그런 생각이 들고요, 다른 어떤 의도는 없었다고 기억합니다."

40

하며 진상조사를 요구한 바로 그들임이 드러났다. 하지만 어느 언론도 제대로 보도하지 않았다. 통합진보당에 찍힌 '부정세력'이라는 낙인은 시간이 지나도 지워지지 않았다.

비례경선 사태는 "야권연대의 붕괴와 정권교체의 가능성 소멸"로 이어질 것이었다. 실제로 정권교체는 난망해 보였다. 종북몰이는 통합진보당을 넘어 민주당에게까지 향했다. 새누리당은 노무현 대통령이 김정일 국방위원장과 정상회담에서 서해 NLL(북방한계선) 포기 발언을 했다며 문재인 후보를 공격했다. 야권 후보들을 종북이라 공격하는 댓글이 끊이지 않았다. 통합진보당을 배제한 채 야권연대가 추진됐지만 감동도 열기도 찾아보기 어려운 상황에서 지지자들 사이에 갈등이 커져갔다. 야권이 조용히 패배할 것이 뻔해 보였다.

아무것도 하지 않은 채 포기할 수는 없었다. 왜 나서느냐는 온갖 비난을 받으면서 통합진보당 대통령 후보가 되어 2012년 대선을 치렀다. 박근혜 후보가 여유 있게 당선되리라고 예측되던 때, 어떻게든 젊은 유권자들이 관심을 갖고 투표에 나서기를 바라며 TV토론에 나갔다. 박근혜 후보와 새누리당은 야당에 종북 공격을 가하며 자신들을 나라 지킬 사람들로 내세웠다. 그에 맞서려면, 그들이 실제로는 나라를 지킬 사람들이 아니라 나라를 팔아먹고 산 사람들임을 알려야 한다고 생각했다.

국회의원이 되기 전 나는 한 출판사 대표를 변호했다. 일제 시절 '다카키 마사오', 즉 박정희 전 대통령의 친일 행각을 다룬 책[9]을 펴내 사자명예훼손죄로 기소된 사건이었다. 고소인은 박근령, 박근혜의 동생이었다. 당시 나는 박정희의 친일 행각에 대해 그때까지 나온 연구 결과와 사료를 모두 검토했다. 1심부터 3심까지 전부 무죄판결을 받았다. TV토론에서 "친일 사대 매국의 후예, 뿌리는 속일 수 없다. 나라 팔아먹고 애국가 부르면 용서되느냐."고 확신을 갖고 말한 이유다.

투표일을 며칠 앞두고 야권 후보 지지율이 박근혜 후보를 역전하는 듯했으나 결국 이기지 못했다. 2007년 대선보다 50대 투표율은 5.4% 오른 데 비해 20대 후반 투표율은 22.8%나 오를 정도로[10] 젊은 층 투표율이 크게 오른 것은 분명하고 이들의 다수는 야권 후보를 지지했을 것이지만, 결과는 정권교체 실패였다.

◇◇◇◇◇◇

9　류연산 지음, 『일송정 푸른 솔에 선구자는 없었다』(아이필드, 2004).

10　중앙선거관리위원회 2013년 2월 15일 자 보도자료 「중앙선관위, 제18대 대선 투표율 분석 결과 공개」.

: 내란음모조작과 정당해산청구

2013년 초, 공격의 조짐은 곳곳에서 감지되었다. 청와대가 정당해산을 검토했다는 소식이 들려왔다. 그러나 당의 강령이나 활동 무엇에도 정당해산 사유가 있을 리 없었다. 내란이나 외환 등 헌정파괴사건을 만들어내지 않는 한 정당해산을 시도하지 못하리라 여겼다. 새누리당과 민주당은 이미 2012년 6월 19대 국회 개원 시 경선 부정을 이유로 이석기, 김재연 의원을 자격심사에 회부하기로 합의했다. 하지만 검찰 수사 결과 두 의원은 경선 부정과 아무 관련 없다고 확인되었다. 자격심사 근거가 사라진 것이다. 그런데도 2013년 3월, 새누리당은 이 합의 이행을 임시국회 개원 조건으로 내세웠다. 결국 민주당은 두 의원에 대한 자격심사청구안을 새누리당과 공동발의했다.

하지만 얼마 뒤 국정원이 야당 대선 후보를 종북으로 모는 댓글을 조직적으로 전파한 불법 대선 개입의 실상이 드러나자, 통합진보당은 이에 적극 대응하면서 활기를 찾았다. 야권의 공조도 조금씩이나마 이루어졌다. 국정원 해체와 박근혜 퇴진을 요구하는 촛불집회가 몇 달 동안이나 지속되며 나날이 커졌다.

박근혜 정권은 위기 수습을 위해 김기춘을 비서실장에 기용했다. 그 직후인 2013년 8월 28일, 국정원은 이석기 의원 등에 대한 내란음모조작사건을 터트렸다. 압수수색영장에 적힌 혐의 사실이 국가보안법 위반이 아니라 내란음모라고 했다. 그 말을 듣자마자 정당해산을 위한 수순임을 직감했다. 이 의원이 지하혁명조직 'RO'의 수괴라는 보도가 넘쳐났다. 〈한국일보〉가 국정원이 던져준 누더기 녹취록[11]을 공개해 이 의원이 "성전(聖戰)수행"을 말했다며 '전시를 상정한 구체적 행동강령'이라는 해석까지 덧붙여 보도했다.[12] 몇 달 뒤에야 법정에서 녹음파일을 들어보니 "선전수행을 어떻게 할 것이냐"는 것에 불과했다.

대대적인 종북몰이가 시작되었다. 촛불은 급격히 잦아들었고, 극소수 인권단체와 종교인 외에는 아무도 종북몰이와 맞서려 하지 않았다. 야당들은 이석기 의원 체포동의안에 대해 당론으로 찬성표를 던졌다.[13] 프락치를 매수해 수년간 정당을 사찰하고, 나오지도 않은 말을 녹취록에 써넣은 국정원은 국정원

11 국정원이 만든 이 녹취록은 이석기 의원의 발언을 호전적인 단어로 바꿔치기한 것으로 450여 곳의 왜곡과 오류로 가득했다. 자세한 내용은 〈민중의 소리〉 인터랙티브 뉴스, 「내란 : 이석기 내란음모사건의 모든 것」을 참고하면 된다.

12 〈한국일보〉 2014년 8월 30일 자, 「녹취록 단독 입수」 "철도를 통제하는 곳, 이걸 파괴하는 것이 가장 효과적인 방법이다."」

13 2013년 9월 4일 국회 본회의에서 이석기 의원 체포동의안은 찬성 258표, 반대 14표, 기권 11표(찬성 89%)로 통과되었다.

해체 여론을 반전시켜 살아남았다. 박근혜 정권은 위기에서 탈출했다.

내란음모사건 재판이 열리는 수원지방법원 앞에서는 극우단체들의 시위가 연일 이어졌다. 탈북자들이 방청권을 얻기 위해 며칠 밤을 지새우고 법정에서 내란음모조작사건의 피해자들에게 북으로 가라며 욕설을 퍼부었다. 해방 직후 백색테러가 난무하던 때로 돌아간 것 같았다. 아무리 박근혜 정권이라도 정당해산청구까지 하겠느냐고 많은 사람들이 반신반의했지만, 박근혜 정권은 11월 5일 정당해산청구를 감행했다.

박근혜 정권은 헌법재판소에 정당해산뿐 아니라 정당활동중지가처분까지 동시에 청구했다. 가처분결정으로 언제 당 활동을 정지당할지 모르는 위기 속에서 2014년 6월 지방선거와 7월 국회의원 보궐선거를 치렀다. 이명박 정권이 2009년 미디어법 강행처리로 만들어낸 종편의 종북몰이는 이미 국민들의 의식을 점령하고 있었다. 나를 반갑게 맞은 국민들도 "통합진보당이 종북이라던데…." 하고 말을 꺼냈다. 2012년 총선에서 당 지지율이 30% 넘게 나왔던 호남에서도 예외가 아니었다. 새누리당 경남지사 홍준표 후보는 통합진보당 지방의원 후보들은 당선되어도 당 해산으로 의원직을 박탈당할 것이라며 노골적으로 허위사실유포에 나섰다. 부산 경남 지역에서는 현역 지방의원들도 대부분 낙선하고 말았다.

김영한 전 민정수석의 업무일지는 2014년 지방선거 바로 뒤부터 시작되어 2015년 1월 초까지 이어진다. 그 기간 동안 6일에 한 번꼴로 통합진보당 관련 사안이 기록되어 있다. 김기춘 비서실장은 "온정주의 극복 / 전교조, RO, 통진당 / 법치주의 확립"을 말했고,[14] 이틀 뒤 업무일지에는 "2대 과제 - ① 민노총, 민노당 ② 전교조" 메모가 기재되어 있다.[15] 청와대는 통합진보당을 없애는 것을 주요 업무로 인식하고 집요하게 추진했다.

2014년 6월경, 헌재는 앞으로 더 이상의 증인신청을 받지 않겠다고 선언했다. 이미 2014년 1월, 수원지방법원이 이석기 의원 등의 내란음모혐의에 대해 유죄판결을 내린 상태였다. 청와대로서는 1심 판결이 계속 유지되리라 여겼을 것이다.

그런데 2014년 8월 11일, 서울고등법원이 내란음모혐의에 대해 무죄판결을 내렸다. 구체적으로 논의한 것이 없다는 것이다. 'RO'의 존재도 인정하지 않았다. 실체가 없다는 것이다. 나

14   김영한 업무일지, 2014년 6월 22일 자.

15   김영한 업무일지, 2014년 6월 24일 자.

는 무죄판결 직후 "박근혜 정권의 정당해산기도는 공중분해 되었다."고 단언했다. 내란음모가 없다면, 지하혁명조직이 없다면, 정당 구성원 한두 명의 말만으로는 정당 전체를 해산시킬 수 없기 때문이다. 또 2015년 1월경으로 예상되는 내란음모사건 대법원 확정판결 전까지는 정당해산사건 결정이 나지 않을 것이라 예상했다. 해산청구의 핵심 사유인 내란음모혐의에 대해 1심 유죄, 2심 무죄 판결이 났으니, 헌재로서는 3심 확정판결을 기초로 판단하는 것이 상식적이기 때문이다.

그러나 청와대는 통합진보당 해산을 관철시키기 위해 더 강경해졌다. 조윤선 정무수석 주도로 정무수석실이 나서서 2심 선고 직후 고엽제 전우회 회원 1천여 명을 동원해 사법부 규탄 집회를 열게 하는[16] 사법권 침해 행위도 서슴지 않았다. 청와대는 8월 25일 박근혜 대통령이 주재한 수석비서관회의에서 통합진보당 해산 방법을 중점 논의한다. "통진당 사건 관련 지원 방안 마련, 시행 – 재판진행상황 – 법무부 TF와 협조 – 홍보, 여론"[17]항목에 대해 대통령에게 세부 사항을 보고하고

---

16 〈한겨레〉, 2017년 1월 26일 자, 「조윤선 구속 결정적 계기는 '고엽제 전우회 데모' 지시였다」. 박근혜 대통령이 지시하면 조윤선 정무수석이 '관제데모' 세부 일정을 잡는 등 구체적 이행에 나섰다는 것이다.

17 김영한 업무일지, 2014년 8월 25일 자.

승인을 얻어 시행에 들어간 것이다. 내란음모 무죄판결에 즈음하여, 법무부는 "RO에 장악된 통합진보당"이므로 해산시켜야한다는 당초의 청구사유를 "민혁당 잔존세력에 장악된 통합진보당"이니 해산시켜야 한다고 교묘하게 뒤틀었다. 서울고등법원에서 'RO'의 존재 자체를 인정받지 못하자, 이미 15년 전 '민족민주혁명당' 사건에 이석기 의원이 연루되었던 일을 단서로 새로운 주장을 내놓은 것이다.

헌재가 더 이상 증인신청을 받지 않겠다고 공표한 지 두 달이나 지난 8월 12일, 법무부는 민혁당 사건 중심인물이었다가 전향해 북한인권운동을 한다며 '뉴라이트'의 선두에 선 '강철' 김영환을 증인으로 신청했다. 내란음모 무죄판결 바로 다음날이었다. 하지만 헌재는 뒤늦은 증인신청에 대해 채택 결정을 내리지 않고 예정된 변론만 진행했다.

그런데 10월 초 헌재가 갑작스럽게 태도를 바꿨다. 업무일지에 "長 - 통진당 해산 판결 - 年內 선고" 메모가 기재된 10월 4일 직후 벌어진 일이다. 사흘 뒤인 10월 7일, 헌재는 김영환 증인신청 두 달 만에 채택결정을 내리고 10월 21일을 증인신문기일로 정했다.

10월 17일, 박한철 헌법재판소장은 국회 법제사법위원회 위원들과 함께한 점심 식사 자리에서 통합진보당 사건을 "연내에 선고하겠다."고 말했다. 내란음모사건 대법원 판결 이후에 정당해산사건이 선고될 것이라는 모두의 예상을 깨고 나온 말이었다. 김기춘이 비서실장으로 등장한 직후 내란음모사건 조작이 벌어진 것, 김기춘이 청와대를 컨트롤 타워로 삼아 집요하게 정당해산을 추진한 것 모두, 김기춘이 박한철 소장에게 연내 선고를 종용하고 박 소장이 이에 응했다고 추정할 만한 정황들이다. 철저히 비공개되는 재판관 평의에서 논의 결정되는 선고 일정이 이미 선고 두 달 전에 청와대에 전달되었다는 것 자체만으로도, 삼권분립이 파괴되고 사법부의 독립이 침해된 것이다. 박근혜 정권에게 있어 헌법이 명령한 삼권분립과 사법부의 독립은 유신 시대의 국정철학 관철을 위해서라면 거들떠볼 필요조차 없는 공문구에 지나지 않았다. 김영한 업무일지에 기재된 위 메모는 김기춘이 저지른 중대한 헌법파괴행위의 움직일 수 없는 증거다.

청와대의 삼권분립 파괴와 사법부 독립 침해 행위는 정당해산 결정 '연내 선고'를 확정 짓는 데 그치지 않았다. 김영환은 정당해산판결선고 직후 〈중앙일보〉와 가진 인터뷰에서, "증언하기 전 법무부 측에서 '몇몇 재판관들이 아직 마음을 정하지 못한 듯하다'고 전해줬다."고 말했다.[18] 〈동아일보〉 인터뷰에서는 증언하면서 그 재판관들의 표정을 유심히 살핀 결과를 재판관 이름까지 거론하면서 말했다.[19] 며칠 뒤 국회 법사위 야당의원들이 이 인터뷰에 대해 법무부와 헌재가 내통한 것 아니냐고 추궁하자, 황교안 법무부장관은 "저희들이 김영환 씨와 접촉한 타이밍이 (2014년 6, 7월경이어서) 심증을 형성하기가 어려운 때의 이야기", "재판관들의 심증 형성에 필요하니 김영환 씨가 증언을 해주는 것이 좋겠다고 이야기를 했다고 한다, 그 얘기가 좀 잘못 전해진 것이 아닌가."라며 부인하고 넘어갔다.[20] 하지만 이 일을 다시 김영한 업무일지에 비춰보면, 2014년 10월경, 박한철 소장 또는 헌재 재판관 누군가가 청와대 측에 재판관 각자의 심증까지 세세히 알려주었고, 이것이 법무부에까지 전달되었으며, 헌재의 증인채택결정 직후 김영환을 만나 증인신문을 준비한 법무부 TF 관계자가 이 내용을 김영환에게까지 전달해 김영환이 특정 재판관들의 표정까지 세밀히 살피게 된 것이라고 추론할 수밖에 없다. 박근혜 정권 아래 사법부의 독립은 철저히 무너졌다.

◇◇◇◇◇◇

18 〈중앙일보〉 2014년 12월 20일 자, 「진보가 살 유일한 길은 종북세력과의 명확한 결별」

19 〈동아일보〉 2014년 12월 22일 자, 「정부 측 증인 김영환 "8 대 1 해산은 예상 못해"」

20 제330회 국회(임시회) 법제사법위원회회의록 제1호, 2014년 12월 24일 자, 78쪽.

업무일지는 그 뒤로도 숨 가쁘게 이어진다. 헌재에 연내 선고를 관철시킨 청와대는 중앙선거관리위원회 사무총장으로부터 통합진보당 소속 지방의원 자격 문제를 보고받는 한편, 새정치민주연합의 통합진보당 해산 반대 논평에 대한 "새누리 반박 준비"[21], 극우단체 시위와 서명운동, 토론회, "보수 헌법학자 칼럼 기고 유도 – 법무부와 협력"[22]까지를 다방면으로 조직해 정당해산 찬성여론을 만들어내고, 정당해산결정선고 직후 총리 담화문을 "풍부하고 정서적으로!"내라고 지시하고,[23] 법무부에게 통진당 해산 핵심 논리를 종편 등에 제공하라고 일일이 명령했다. 청와대는 통합진보당 강제해산의 사령탑이었다.

그 정점에서 벌어진 일은 12월 17일 수요일 자로 기록된 "月 – 정당해산 확정. 비례대표 의원직 상실. 지역구 의원 상실 異見 – 所長 의견 조율 中(今日). 조정 끝나면 19日, 22日 초반" 메모로 여실히 드러났다.

헌법재판소법 제34조 제1항은 "평의는 공개하지 아니한다."고

---

21 김영한 업무일지, 2014년 12월 11일 자.

22 김영한 업무일지, 2014년 11월 26일 자.

23 김영한 업무일지, 2014년 12월 19일 자.

못박아두었다. 판결 선고일이나 내용은 재판관들의 평의로 정해지는데, 당사자 일방에게만 선고 시점이 알려지거나 선고기일 전에 선고 내용이 유출되면 재판의 공정성이 침해될 수 있기 때문에 이를 막기 위해 둔 규정이다. 헌재는 정당해산사건에 대해 2014년 12월 19일 금요일로 선고기일을 정하고, 이를 이틀 전인 17일에 양 당사자에게 통지했다.

그런데 업무일지에는 선고일로부터 나흘 전인 15일을 뜻하는 '月' 표기 뒤에 정당해산 선고가 확정되었고 지역구 의원의 의원직 상실 문제는 소장이 조정하고 있다는 헌재 내부의 비공개 평의 내용이 적혀 있는 것이다.

10월 4일 메모와 10월 17일 박한철 소장의 발언까지 모아보면, 김기춘과 박한철 소장이 내통해 내란음모무죄 확정판결 전에 정당해산 사건을 선고하기로 하고 선고기일과 내용까지 미리 알려주고 협의했을 가능성이 가장 크다. 그리고 이 메모대로, 12월 19일 헌재는 통합진보당 강제해산과 소속 국회의원 모두의 의원직 상실을 선고했다. 법무부가 내란음모 무죄판결 이후 김영환을 증인으로 신청하면서 내놓은 새로운 주장을 그대로 받아들인 판결이었다.

박근혜 정권은 통합진보당이 '주체사상에 물들어 북한식 사회주의를 대한민국에 이식하려는 민혁당 잔존세력'의 '숙주'가 되어 당 전체가 북한식 사회주의를 추구했으니 해산해야만 한다고 주장했다. 하지만 통합진보당은 강령에도 그 무엇에서도, 주체사상은 물론 어떤 이념도 채택한 바가 없다. 북한식 사회주의를 비롯해 어떤 체제를 도입하겠다고 강령에 쓰거나 결정을 내린 것도 전혀 없다. 당의 활동 어디에도 주체사상의 흔적도 북한식 사회주의를 향한 시도도 일체 없었다. 그러자 박근혜 정권은 통합진보당에 이른바 '숨은 목적'이 있다고 강변했다. 독일공산당이 마르크스주의를 이념으로 선언하고 공산주의체제 도입을 주장했듯, 통합진보당도 전파하려는 이념이 있고 도입하려는 체제가 분명히 있는데 밖으로 드러내면 위험하니 숨기고 있다는 논리였다. 헌법재판소는 이 주장 역시 전부 그대로 받아들였다.

그러나 내가 민주노동당과 통합진보당의 대표로서 당을 책임진 시간 동안, 과거와 현재를 통틀어 세상에 존재한 이념 가운데 무엇을 취할지 의논한 일이 전혀 없다. 다른 나라의 체제 중 무엇을 도입하자고 결정한 일도 없다. 민주노동당과 통합진보당이 함께 추구한 것은, '인간이 인간답게', '민중이 주인되게'가 전부였다. 대한민국 헌법이 선언한 인간으로서 존엄, 국민주권주의와 하나도 다르지 않은 말이다.

진보정치가 말해온 '새로운 세상'에는 지금까지 인류가 경험한 어떤 특정한 이념도 체제도 미리 정해져 입력되어 있지 않았다. 민주노동당 시절, '모든 체제의 단점을 극복하고 장점을 계승한다'는 취지의 원칙만 정해져 있었을 뿐이다. 통합진보당 내의 합의 수준도 민주노동당에 비해 별다르지 않았다. 인간이 인간으로서 '존엄'을 보장받고 노동자 농민 서민이 명실상부한 '주권자'가 되는 세상이 통합진보당이 이루려는 세상이었다. 어떤 이념이나 체제가 아니라 바로 이 '인간으로서 존엄', '주권자의 힘'이 통합진보당이 이루려는 '새로운 세상'의 징표였다. 사람이 사람대접 받지 못하는 비인간적인 세상, 노동자 농민 서민은 주권자는커녕 국민 대우조차 받지 못하는 비민주적인 세상이 우리가 겪어온 대한민국의 현실이기 때문이었다.

하지만 수구집권세력은 통합진보당이 이루려는 것은 북한식 사회주의라고 단정하고 통합진보당을 강제 해산시켰다. 진보정치 15년의 결실이 송두리째 잘려나갔다.

: 정당해산 결정 이후

정당해산 결정 이후 청와대는 통합진보당을 반국가단체로 수사하고자 했다. 해산 결정 직후, 해산청원과 해산 서명운동을 주도한 고영주 변호사가 이끄는 극우단체가 통합진보당 대표와 간부는 물론 당원 전체를 국가보안법상 반국가단체 구성죄로 고발했다. 1981년 부림사건의 공안검사가 그로부터 33년이 지난 2014년, 통합진보당을 국가보안법의 칼날 앞에 세운 것이다. 청와대는 실제 평당원들까지 수사 대상으로 삼는 것을 적극 검토했다. 김영한 업무일지에서 "통진당 후속수사(平당원) - 긍정 58%" 메모가 발견됐다.[24] 강제해산 찬성 여론조사 결과가 평당원들까지 포함한 후속수사 항목과 연관되어 언급된 것이다. 업무일지에는 "헌재 決定 - 검찰 용기를 가지고 후속 搜査 계속토록" 지시사항도 적혀 있다.[25] 공안정국이 코앞에 와 있었다. 김기춘은 당원 명부 입수를 지시했다.[26] 헌법재판관 중 유일하게 반대의견을 낸 김이수 재판관이 대대적인 반국가단체 수사에 대한 염려를 판결문에 쓸 정도로, 해산 결정이 내려지자마자 공안정국이 급속도로 몰려왔다.

청와대는 지방의원들의 자격 박탈을 위해 중앙선관위를 동원했다. 청와대는 이미 판결 선고 전에 중앙선관위 사무총장으

◊◊◊◊◊◊◊

24   김영한 업무일지, 2014년 12월 29일 자.

25   김영한 업무일지, 2014년 12월 23일 자.

26   김영한 업무일지, 2014년 12월 24일 자.

로부터 지방의원들의 의원직 자격은 '법의 흠결'로서 문제 삼을 수 없다는 취지의 보고를 받았다.[27] 하지만 해산선고 직후 청와대는 지방의원 문제 검토를 지시[28]했고, 중앙선관위는 입장을 바꿔 비례 지방의원들의 자격상실을 각 해당 선관위에 통지했다. 이 때문에 비례 지방의원 6명이 의원직을 박탈당했다가 행정소송에서 승소하면서 1년여가 흐른 뒤에야 하나둘 복직할 수 있었다.

청와대는 통합진보당에 대한 "국민동정여론이 생기지 않도록 주의"하면서 "국고보조금, 재산 몰수 과정에서의 부도덕성을 부각"시키려 나섰다.[29] 통합진보당은 중앙선관위로부터 여러 정당들 가운데 가장 투명하게 회계를 운영한다고 칭찬받아왔다. 하지만 중앙선관위와 검찰은 통합진보당의 회계를 이 잡듯 뒤졌다. 통합진보당의 "부도덕성 공개되도록" 해야 한다는 김기춘 비서실장의 지시[30]에 따른 것이었다. 나와 최고위원들, 국회의원들을 대상으로 한 정치자금법 위반 혐의 수사는 해산 결

◇◇◇◇◇◇

27   김영한 업무일지, 2014년 11월 28일 자.

28   김영한 업무일지, 2014년 12월 20일 자.

29   김영한 업무일지, 2014년 12월 20일 자.

30   김영한 업무일지, 2014년 12월 30일 자.

정 이후 1년이 넘는 2016년 1월까지 이어졌다. 그러나 선관위
도 검찰도 결국 실무자들의 소소한 행정상 절차 미비밖에는
문제 삼지 못했다. 평상시라면 주의 처분에 그칠 사항들뿐이
었다.

김기춘 실장이 통합진보당 강제해산을 통해 달성하려 한 최종
목표는, 통합진보당 강제해산 결정을 "헌법 가치, 국가정체성
수호"로 포장해 "문화 확산, 공동추구 가치"를 위한 "헌법교
육 강화방안"을 마련해 한국 사회에 퍼뜨리는 것이었다.[31] 김기
춘이 가장 하고 싶었던 일이 이것이었음을 충분히 알 수 있을
정도로, 업무일지에는 김기춘의 상세한 지시 사항이 매우 강경
한 어조로 여러 번 반복 기재되어 있다. 김기춘 실장은 "공무
원 교육에서 주입 프로그램 개발"을 지시[32]했다. 청와대는 강
제해산 헌재 결정을 국가정체성 수호를 위한 것으로 포장해
헌법교육 내용으로 삼고자 "중등, 수업지침(교사) 반영", "교육
과정에 반영(초등은 내년)"[33]까지 기획했다. 초등학생에게까지 통
합진보당이 북한식 사회주의를 추구하여 해산시켰다는 헌재

◊◊◊◊◊◊◊

31   김영한 업무일지, 2014년 12월 29일 자.

32   김영한 업무일지, 2014년 12월 21일 자.

33   김영한 업무일지, 2014년 12월 29일 자.

결정을 교육하려 한 것이다. 소름 끼치는 일이다.

업무일지는 여기에서 끝난다. 그 뒤로는 어떻게 되었나. 해산 결정 이후 통합진보당의 이름으로는 어떤 일도 할 수 없었지만, 공안정국만은 막아야 했다. 통합진보당 측 대리인단과 법학자들은 독일연방헌법재판소가 독일공산당 강제해산 후 벌어진 수사를 위헌으로 결정한 판례[34]를 제시하며 합법으로 인정되던 정당을 소급해서 반국가단체라고 처벌하는 것은 위헌임을 강력 주장했다.[35] 국회의원들은 법적 근거도 없이 의원직 상실선고를 받은 것에 대해 외신 기자회견을 열어 국제사회에 잘못된 판결임을 알렸다. 심지어 헌재 결정문에는 수십 건의 오기(誤記)가 가득했다. 헌재는 내란음모사건재판에서도 정당해산사건재판에서도 이른바 내란음모회합에 참석했다는 증거가 단 한 건도 나오지 않은 사람들을 회합 참석자로 적어놓았다.

◇◇◇◇◇◇◇

34   독일 공안당국은 연방헌법재판소가 1956년 공산당을 해산 결정한 후 "단체의 목적 또는 활동이 헌법적 질서 또는 인종간의 이해 이념에 반하는 단체를 결성한 자, 또는 그러한 자의 기도를 지원한 자는 징역형에 처한다"는 형법 90조 a 1항을 적용해 공산당원 1만여 명을 수사하고 수천 명을 처벌했다. 하지만 독일 연방헌법재판소는 1961년 이 조항에 대해 "당 간부와 추종자의 공식적 정당활동은 정당해산 규정으로부터 보호받으며, 정당에 대한 위헌 결정이 내려질 때까지의 일은 적법한 것으로 간주돼야 한다."며 위헌 결정했다.

35   정태호, 「정당해산 이전활동에 대한 수사의 문제점」. 민변-민주법연 긴급 집담회 『통합진보당 해산결정에 따른 검찰수사의 문제점』(2015년 1월 26일) 자료집 23쪽.

당사자들이 헌법재판관들을 상대로 손해배상청구소송을 냈다. 헌재도 부끄러웠는지 결국 판결을 정정할 수밖에 없었다.

2015년 1월 22일, 내란음모혐의에 대해 대법원이 무죄확정판결을 내렸다. 한편 허탈했다. 내란음모는 무죄이고 'RO'도 없다는 사실이 확정되었다. 하지만 통합진보당은 이미 해산되어버렸다. 무죄확정판결 이후 헌재가 정당해산사건 평의를 했다면 어떠했을까. 해산결정을 내릴 수 없었을 것이다. 청와대가 헌재를 동원해 무리하게 2014년 12월 선고를 강행한 이유는 바로, 내란음모무죄 확정판결이 내려져 정당해산이 불가능해지기 전에 통합진보당을 해산시켜버리기 위한 것이었다고밖에는 말할 수 없다.

검찰은 더 이상 통합진보당 간부들과 당원들을 반국가단체 구성 혐의로 수사하지 못했다. 그러나 정권과 보수언론은 통합진보당을 헌법위해세력으로 규정하고 그 구성원이었다가 확실히 전향을 선언하지 않은 사람은 누구든 철저히 짓눌렀다. 2015년 9월 박영희 전국장애인차별철폐연대 공동대표가 국가인권위원으로 추천되었으나 새누리당은 선출안을 부결시켰다. 박영희 대표가 잠시 통합진보당에 몸담았다는 것이 반대 이유였다.

통합진보당 강제해산을 규탄하고 이석기 의원 석방을 외치는 것은 정권에 의해 철저히 억눌러졌을 뿐 아니라 진보진영 내에서도 금기였다. 2015년 11월 박근혜 대통령은 민중총궐기를 맹비난하며 참가자 일부가 "통합진보당 강제해산 규탄, 이석기 의원 석방" 구호를 들었다는 것을 명분으로 삼았다. 진보진영의 반박은 "일부의 구호에 불과하다"는 것이었다. 통합진보당은 낡고 나쁜 것의 대명사가 되었다. 통합진보당 출신들은 나서지 말라는 배제의 논리가 어디든 횡행했다. 이것이 박근혜 집권을 위해 2012년부터 시작된 통합진보당 파괴공작의 전말이다.

이 일을 벌인 사람들은 누구인가

박근혜는 대통령 후보 시절 중대 약점인 박정희 전 대통령의 군부독재 과거에 대한 비판에서 벗어나기 위해 국민대통합을 내세웠다. 인혁당 사건 피해자 가족들에게 사과했고 전태일 열사 흉상에 꽃을 바쳤다. 그러나 그는 2012년 초부터 통합진보당 비례경선 부정논란을 종북몰이로 뒤바꾸는 데 선두에 섰고, 당선 직후 국정원 댓글사건으로 정권이 흔들리자 2013년 8월 김기춘을 비서실장으로 기용하며 자신을 비판한 세력에 대해 혹독한 보복을 가해 본때를 보이는 것으로 태도를 완전히 바꾸었다. 30년의 시간을 되감아 유신 독재의 망령을 다시 불러냈다. 박근혜와 김기춘이 집권과 위기 탈출을 위해 벌인 집요한 종북 공격이 아니었다면, 2012년 통합진보당에 벌어진 일은 여느 정당들이 그러하듯 정당 내부의 이견과 다툼에 머물고 말 일이었지, 통합진보당의 분열과 추락, 강제해산과 진보의 몰락으로 이어질 일이 결코 아니었다.

박정희 정권에서 유신헌법의 기초작업을 했고 중앙정보부 대공수사국장으로 공안사건 조작의 주역이었던 김기춘은, 박정희 유신 독재 이념을 재확산시키고 박근혜에게 맞서는 사람과 세력을 제거하는 데 최고의 집중력을 발휘했다. 김기춘은 전면에 등장한 직후부터 위기 탈출을 위해 내란음모조작사건을 터트리며 대통령 지지율을 끌어올렸다. 김기춘에게 있어 이석기 의원은 "국가전복기도세력"[36]이었고, 곧이어 헌정 사상 초유의 정당해산청구가 감행되었다.

김기춘의 생각과 의도는 2014년 지방선거 직후 새로 바뀐 수석비서관들을 처음 만난 2014년 6월 14일, 비서실장으로서 한

◇◇◇◇◇◇

36   김영한 업무일지, 2014년 7월 23일 자.

말에 가장 잘 드러난다. 김기춘은 이날 "이념대결 속에서 生活 – 갈등 속에서 전사적 자세 지니도록", "가치중립적 타협, 화합은 없다", "강철 같은 의지로 대통령, 대한민국 보위"를 지시하고 스스로를 "근위병, 호위무사"로 칭하면서 "끝까지 전투력을 잃지 않을 것"[37]이라고 수석비서관들의 전투의지를 독려했다.

"정권, 대통령 도전, 두려움 갖도록", "사정활동 강화"하고 "주요부처 실국장 성향파악 – 충성심 확인"[38]하라는 김기춘의 지휘에 따라 청와대는 대통령에 복종하지 않는 공무원들을 잘라냈고, 대통령에 도전하는 사람들에게 집요하게 보복하는 것을 가장 중요한 업무로 삼았다. 홍성담 화백, 이하 작가 등 대통령을 풍자한 예술가들은 물론, 〈산케이〉 신문 서울지국장, 심지어 악수를 거부한 사람까지 청와대는 끝까지 추적해 불이익을 가했다. 업무일지의 메모 한 마디 한 마디가 이 추적과 보복을 위해 청와대 비서진들이 만들어낸 보고서와 기안문서였을 것이다.

김기춘은 유신 독재의 '국정철학'을 21세기 한국 사회에 주입하

---

37   김영한 업무일지, 2014년 6월 14일 자.

38   김영한 업무일지, 2014년 7월 4일 자.

고자 했다. 그는 공존의 다원적 민주주의를 거부하고 국민을 '건전인사'와 '좌익'으로 나누며 북과 대치상태로 이를 합리화했다. 김기춘은 수석비서관들에게 "국정철학 공유"를 위해 "애국심 가진 군인 구국의 일념에 일으킨 사건이 5.16"이라며 "반공의식 약화 안보 위기 상황 초등학생도 시위 사회질서 문란" 상황이었다고 강변한다. 유신헌법에 대해서도 "월남 패망 직전 7.4 남북공동성명 체제 경쟁" 상황에서 "카터 행정부 미군 철수 북한도 헌법 개정" 환경이었다고 주장한다. 김기춘은 자신의 이 '국정철학'을 "헌법가치 자유민주주의 시장경제에 대한 확고한 신념"이라고 불렀다.[39]

김기춘은 박정희 유신 독재 시절에 하던 대로 내부의 적을 만들고 국민을 편 가르고, 보복하고 제압하는 방식으로 박근혜 정권을 유지시켰다. 세월호 특별조사위원회조차 "좌익들의 국가기관개입욕구"[40]로, 박원순 서울시장의 국무회의 참석마저 "국가정체성 반하는 인사 - 검토"[41]로 경계한 김기춘에게, 대통령에게 정면으로 맞선 통합진보당은 공존의 대상이 아니라

◇◇◇◇◇◇

39   김영한 업무일지, 2014년 7월 8일 자.

40   김영한 업무일지, 2014년 7월 13일 자.

41   김영한 업무일지, 2014년 8월 15일 자.

없애야 할 '적'이었다.

박근혜도, 김기춘도, 집권세력 그 누구도, 자신들의 치부가 드러나도 잘못을 고백하지 않았다. 도리어 이를 외부에 알린 사람들에게 보복을 가하고 더 큰 사건을 일으켰다. 김기춘에게 있어 정윤회 문건 내부고발자들은 "인간쓰레기"였고, 그는 이들을 "솎아내는 일"을 "나라와 領(대통령) 위하는 길"[42]로 여겼다. 2013년 4월 국정원 대선 불법개입이 드러나자, 박근혜 정권은 관련자 징계는커녕 양심선언한 권은희 수사과장을 좌천시켰다. 6월 검찰이 원세훈 전 국정원장을 공직선거법 및 국가정보원법 위반으로 기소하자, 정권은 국정원 개혁은커녕 채동욱 검찰총장을 쫓아내고 담당 검사를 징계해 좌천시켰다. 국정원 대선개입 규탄 촛불집회가 커져가던 8월, 국정원의 서울시 공무원 간첩조작범죄가 드러나자, 정권은 급기야 국정원을 동원해 내란음모조작사건을 터트렸다. 2014년 12월, 정윤회 문건 유출 파동이 벌어지자 청와대는 통합진보당 해산결정을 받아내고 초고강도 후속조치를 추진하며 위기 탈출을 시도했다. 2016년 10월, 최순실 국정농단 사실이 밝혀지기 시작하자 박근혜는 직접 개헌을 주도하겠다며 정국 전환을 기도했다. 명백한

42　김영한 업무일지, 2014년 12월 11일 자.

증거가 드러나고 국민들의 분노가 폭발해 대통령 탄핵소추까지 이뤄졌지만, 그들의 대응 방식 자체는 바뀌지 않았다.

박근혜는 유신 독재의 퍼스트 레이디였고 김기춘은 유신 독재의 냉혹한 집행자였을 뿐, 민주주의 사회를 끌고 나갈 수 없는 사람들이다. 독재자는 자신이 모든 것을 다 통제한다고 여긴다. 그러나 실제로는 그 독재자 옆에서 독재자의 내면을 조종해 국정을 좌우하고 축재와 권력남용을 일삼는 숨은 권력자가 있다. 그렇게 만든 사람은 바로 독재자 자신이다. 독재자 주변의 최소한의 권력집단 안에서마저 일체의 대화와 토론을 거부한 결과다. 독재자에게 가장 중요한 일은 자신에 대한 비판자들과 반대세력을 도려내는 것이다. 국가의 발전도 국민의 삶도 뒷전이다. 독재자와 숨은 권력자, 바로 박근혜와 최순실의 관계다. 그런 사람들이 만들고자 했던 사회 역시 국가정체성 확립을 내세운 유신 독재 회귀일 수밖에 없었다.

정작 중요한 문제는 이것이다. 이런 그들이 어떻게 87년 6월항쟁과 민주정부 10년을 경험한 국민들로부터 권력을 위임받아 청와대에 들어갈 수 있었을까. 박근혜를 내세운 수구세력의 위장술이 통한 것인가. 그렇지 않다. 그들은 위장하지도 않았고 박근혜는 들러리가 아니었다. 박정희 유신 독재가 강탈과 뇌물 수수로 모은 막대한 부와 사회적 지위를 바탕으로 그들은 재차 권력 장악을 노리며 보수세력의 한 영역을 차지해왔다. 끈질기게 역사를 왜곡하고 극우단체를 양성하며 종북몰이로 자신들의 지지세를 키웠다. 박근혜는 그 맨앞에서 친일 사학재단의 이익을 옹호하고 종북몰이에 나섰던 친일 독재 수구세력의 핵심이다. 그렇기에 최순실 국정농단사태가 발각된 후에도 탄핵소추를 눈앞에 두고 한일군사정보보호협정[43] 체결을 감행하고 탄핵소추된 뒤에도 사드 배치를 집요하게 밀어붙이는 것 아닌가. 박근혜는 자신의 최측근에 공직을 맡은 장관들이며 비서관들을 두는 대신, 어떤 공직도 위임받은 바 없고 국민들로부터 검증받은 바 전혀 없는 강경 수구 최순실을 데려다놓고 최순실과 함께 사욕을 채우며 매국 행각을 이어간 것이다.

2012년 대선에서, 국민들은 위장술에 속은 것이 아니라 박근혜를 선택했다. 이제 박근혜 찍은 것을 후회한다는 말들이 쏟아진다. "속았다"고들 한다. 하지만 우리 국민들의 수준이 누가 속이려 한다고 그대로 속을 정도인가? 6월항쟁도, 정권교체도 바로 이 국민들이 해냈는데, 이번에는 "속았다"는 것인가? 박근혜는 대선에서 1,577만 표를 득표했다. 아무리 위장에 능숙해도 몇 사람은 속일지언정 천오백 만 명을 어떻게 속일 수 있

⬦⬦⬦⬦⬦⬦⬦

43 정식 명칭은 '대한민국 정부와 일본국 정부 간의 군사비밀정보의 보호에 관한 협정'이다. 2016년 11월 23일 체결되었다.

나. 국민들은 속아서 박근혜를 대통령으로 만든 것이 아니다. 박근혜가 더 나은 대통령이 될 만하다고 판단하고 그를 선택한 것이다.

"속아서 찍었다"고 하면 속 편하다. "내가 어쩌다 속았나" 한탄하고 나서 "앞으로는 속지 말자"고 다짐하면 그만이다. 결론은 정신 똑똑히 차리고 속지 않으면 된다는 것이다. 쉽다. 하지만 그렇게 끝낼 일이 아니다. 민주 정부 10년을 만들었던 국민들이 2012년에는 왜 그런 선택을 하게 되었는지 숙고해야 한다. 천오백 만 국민들이 박근혜 지지가 옳은 판단이라고 생각한 이유가 있지 않나. 이것을 찾아내야 한다. 그래야 앞으로는 그런 선택을 하지 않을 방법도 나온다. 정신 똑똑히 차리자는 말로 끝내버리고 나면, 언제고 후회할 날이 또 올 뿐이다.

이 일을 가능하게 한 한국 사회

2012년 대선에서 박근혜는 '내 꿈이 이루어지는 나라'와 '국민 대통합'을 말했다. 그러나 국민들이 그것을 이룰 수 있는 사람이 박근혜라고 믿어 표를 준 것은 아닐 터이다. 박근혜 복지정책 실현을 기대해 뽑아준 것도 아니다. 무엇이 박근혜에게 표를 주게 했을까. 국민들이 박근혜를 선택하게 된 이유, 한 마디로 종북몰이의 결과다. 이명박 정권을 비롯한 수구세력이 종북몰이에 권력과 돈과 인력을 쏟아 부어 만들어낸 결과가 바로 박근혜 대통령 당선이다. 종북몰이가 박근혜와 최순실을 만들었다.

얼마 전 길을 가는데 칠십 넘으신 한 분이 나를 알아보고 불러 세웠다. "야당이 당선되면 북한하고 연방제인지 뭔지 한다는데, 북한하고 남한하고 한 사람이 한 표씩 투표해도 북한은 똘똘 뭉치고 진보하고 야당이 그쪽으로 우- 몰고 가서 북한식으로 나라를 바꿀 거라는데, 그럼 나처럼 열심히 일해서 돈좀 모은 사람들은 다 뺏긴다고 카톡도 오고 하는데 진짜냐." 는 물음이었다. "제 부모님도 열심히 일해서 자식들 가르치셨어요, 정직하게 돈 버신 분들이 잘살아야 좋은 나라죠. 남북이 70년을 다르게 살았는데 우린 우리대로 사는 거지 왜 북한식으로 나라를 바꿔요, 서로 싸우지 말자는 것뿐이에요. 걱정전혀 안 하셔도 돼요." 했더니, "그런 말을 어디서 들을 수가 없잖아, 많이 좀 말해." 하고 가신다. 종편과 SNS에는 맨날 진보는 종북이라는 말만 들리니 당신도 미심쩍었다는 것이다.

2009년 이명박 정권의 미디어법 강행처리로 만들어진 종편의 개국일은 총선과 대선을 앞둔 2011년 12월 1일이었다. 종편은 하루 종일 전국 곳곳에 북에 대한 적대의식을 퍼뜨리고 통합진보당을 종북이라 공격하며 민주당을 종북 숙주라고 비난했다. 처음에는 귓등으로 넘기던 말도, 방송으로 열 번 들으면 '뭔가 있겠지, 괜히 저러겠어.' 생각하게 된다. 백 번 들으면 그 말을 자기 입으로 옮긴다. 자신도 알지 못하는 사이에 북에 대한 적대의식에 사로잡히고, '내부의 적'이 실재한다는 불안에 시달리고, '내부의 적'에 대한 증오의 색안경을 쓰게 되는 것이다. 박근혜 집권에 사활을 건 수구세력은 이를 십분 활용했다. 국정원이 조직적으로 종북몰이 댓글공작을 펴고 새누리당과 극우단체들이 그 행동대가 되어 인터넷과 SNS를 뒤덮고 거리에 나섰다. 종편 시청률이 오르자 얼마 지나지 않아 공중파도 종편을 따랐다.

분단 이후 70년 동안 국민들의 의식 속에 뿌리 깊게 스며든 북에 대한 적대감과 안보 불안감이 종편과 국정원에 의해 확대 증폭되자, 많은 사람들의 대통령 후보 판단 기준은 자신도 모르게 '적으로부터 대한민국을 지킬 사람'으로 설정되었다. 색안경은 대통령 선별 도구가 되었다. 그러면 결론은 박근혜일 수밖에 없었다. 민주당 후보가 아무리 특전사 군복을 입고 나와도 바뀔 수 없는 결론이다. 2007년 대통령 후보 가운데 '부자 되게 해줄 사람'은 아무리 따져도 이명박이었던 것과 다르지 않다.

종북몰이는 박근혜를 선택하도록 국민들의 판단 기준을 바꿨을 뿐 아니라, 박근혜 정권을 탄탄하게 유지시키는 가장 효과적인 방법이었다. 대통령 지지율은 정부가 북에 대해 강경한 조치를 취할 때 올랐고, 통합진보당에 대해 적대적인 공격을 감행할 때 더욱 올랐다. 2013년 8월, 국정원이 내란음모조작사건을 터트리자 대통령 지지율은 67%로 취임 이후 최고조에 달했다. 그해 11월, 통합진보당 해산청구를 감행하자 대통령 지지율은 4주 만에 반등했다.[44] 해산청구에 대해 지지여론이 60%를 넘었고,[45] 2014년 12월 강제해산 결정 지지도 압도적이었다.[46] 박근혜−최순실 게이트가 드러나기 전까지, 종북몰이는 박근혜 정권을 만들어낸 묘책이었고 지지율 상승의 비결이었다.

어떻게 이런 일이 가능해진 것일까. 분단과 대결 상태에서 나온 북에 대한 적대의식, 내부의 적에 대한 불안과 증오가 국민

◇◇◇◇◇◇

44 리얼미터 2013년 11월 11일 여론조사 결과. 「박근혜 대통령 지지율 4주 만에 반등, 58.1%」

45 〈동아일보〉 2013년 11월 7일 여론조사 결과. 해산청구 '적절했다' 60.1%, '부적절한 조치였다' 28.5%.

46 〈중앙일보〉 2014년 12월 22일 자, 12월 19일~20일 중앙일보 긴급여론조사 결과. 통합진보당 해산 찬성 64%, 반대 24%.

들 의식 속에 오래 굳어져왔기 때문이다. 국민들은 정치체제로
서 민주주의를 쟁취했고 정권교체도 이루었으나, 분단 문제에
대해서만큼은 자신의 머릿속에서조차 철조망을 걷어내지 못
했다. 전쟁의 상처가 아물지 않은 채 덧나고, 분단의 대결상태
가 계속되면서 의심과 긴장도 늦추지 못하기 때문이다. 더 직
접적인 원인은, 빨갱이 사냥의 공포 체험이 대물림되고 현재형
으로 재생되기 때문이다.

해방 직후 미군정에서부터 시작된 빨갱이 사냥의 역사는 종북
몰이가 한국 사회의 역사적, 구조적 문제임을 뚜렷이 보여준
다. 2차 대전 직후 미국과 소련이 급격히 대결 국면으로 들어
가자, 친일 매국노들이 친일 행적을 '빨갱이 때려잡은 경력'으
로 뒤바꿔 미군정 치하에서 다시 권력을 쥐고 이승만 정권의
핵심이 되었다. 한국전쟁이 나자 한강 다리를 폭파시키고 도
망간 이승만 정권은 피난길에 오르지 못하고 서울에 머문 독
립투사들을 부역자로 몰았다. 빨치산을 숨겨준다며 지리산 인
근 마을 주민들을 집단 학살했다. 살아남은 사람들은 부모 형
제가 학살당했다는 말조차 꺼내지 못했다. 빨갱이와 말이라도
붙이면 나도 빨갱이로 몰린다는 공포감이 사회 전체에 팽배
했다.

그 뒤로 70여 년, 수구세력에 맞선 사람들은 모두 빨갱이로 몰

렸다. 정권에 의해 한 번, 자신도 빨갱이로 몰릴까 두려움에 빠진 동료에 의해 두 번. 1958년 대통령 선거에서 조봉암 후보가 30%를 얻어 약진하고 진보당을 결성하자, 이승만 정권은 조봉암을 간첩죄로 사형시키고 진보당을 해산시켰다. 진보당에 간첩이 침투했고 조봉암이 간첩으로부터 공작금을 받았다는 이유였다. 사형 판결을 이끌어낸 핵심 증인은 온건 노선을 주장하던 당내 경쟁자였다. 야당은 이승만 정권의 진보당 말살 작전에 동조했다.

빨갱이 사냥은 끊임없이 계속되었다. 일제 치하 만주군 장교였다가 해방 직후에는 남조선노동당 고위 간부로 체포되어 무기징역을 선고받고 동료들을 밀고해 풀려난 박정희는 1961년 쿠데타로 집권한 후 정체성을 의심받지 않기 위해 수많은 간첩사건과 내란음모사건을 조작하고 국가보안법의 칼을 휘둘렀다. 전두환 정권은 1980년 광주항쟁을 용공분자들의 폭동으로 매도했고, 김대중 총재에게 내란음모혐의로 사형을 선고했다.

박근혜 정권도 이 뒤틀린 역사를 그대로 되풀이했다. 집권도 위기 탈출도 모두 종북몰이를 통해서였다. 청와대에 들어간 뉴라이트는 탈북자단체들과 극우단체들을 지휘해 통합진보당과 이석기 의원 공격의 행동대로 삼고 전경련과 삼성 등으로부터 그 활동자금을 조달해주었다. 많은 야권 정치인들과 지

식인들이 자신의 의식 속 분단의 철조망을 꺼내 보이며 자신
은 빨갱이로 몰릴 이유가 없는 '양민(良民)'임을 증명했다. 의
심받지 않기 위해, 살아남기 위해, 저마다 나서서 통합진보당
을 공격하고 이석기 의원 체포동의안에 앞장서 찬성표를 던졌
다. 통합진보당과 당원들은 엄청난 사회적 멸시와 배제를 겪어
야 했다. 빨갱이 사냥의 21세기 판이다. 해방 이후 지금까지, 권
력에 위협이 되는 세력은 예외 없이 빨갱이로 몰렸고 조작사
건의 피해자가 되어야 했다. 친일 매국노들을 제대로 처벌하고
청산하지 못한 한국 사회의 구조적 문제다.

분단의 역사 70년이 국민들 의식 깊은 곳에 분단의 적대의식
을 만들어냈다. 적대의식은 두려움을 낳고, '내부의 적'을 만들
어 혐오의 대상으로 삼는다. 수구세력은 '내부의 적'에 대한 불
안과 증오를 극단적으로 증폭시켰다. 그들은 민주주의 사회라
면 다양하고 자유로운 토론의 한 과정으로 받아들여질 주장
을 내란음모로 둔갑시키고 국가보안법 위반으로 엮어 넣는다.
'내부의 적'을 적발하고 처벌함으로써 수구세력은 '국가정체성
이 바로 선 애국세력'을 자처하며 대한민국을 지킬 적임자로
자신을 포장해 지지율을 끌어올린다. 그들의 실제 공격대상은
북이 아니라 '내부의 적'이다. 분단이야말로 수구세력 집권의
조건이다. 이들이 확보한 지지는 바로 분단의 적대의식, '내부
의 적'이 실재한다고 생각하는 불안, '내부의 적'에 대한 증오

에 기반한 지지다.

지난 대통령선거에서 국민들이 잠시 무엇에 속아서 박근혜의
본모습을 보지 못한 것이 아니다. 분단의 역사가 만들어낸 적
대의식, 불안과 증오의 색안경을 2012년 대선에서 종편과 국정
원이 대통령 후보 선택 도구로 격상시켰다. 그 색안경을 통해
보면, 북과 싸우지 말자는 통합진보당은 종북으로 보이고, 통
합진보당과 연대했다는 야당 후보는 불안해 보이고, 반면 박근
혜는 '적으로부터 대한민국을 지켜줄 사람'으로 보이는 것이다.

박근혜가 민주주의 국가의 대통령이 되어서는 안 될 사람임
은 선거 때도 이미 분명했다. 박정희의 명예회복을 위해 정치
에 나섰다는 말에서, 5.16을 구국의 혁명이라고 하는 사고방식
에서, 전두환으로부터 받은 박정희 비자금 6억 원의 본질에는
입을 닫고 "어린 나이에 경황이 없어 받았다"고 변명하는 것에
서, 박지만에게 제기된 의혹에 대해 설명하기는커녕 "(동생이)
아니라면 아닌 거"라고 말하는 태도에서, 전태일 열사 흉상에
꽃을 바치겠다고 쌍용차 해고자를 끌어내게 하고 태연히 헌화
하는 행동에서 이미, 박근혜는 민주주의가 무엇인지 전혀 알
지 못하는 인물임이 드러나지 않았던가. 박근혜의 과거로도,
과거에 대한 그의 태도로도 이미 확인된 것이다.

그러나 종편과 국정원의 책략대로 이미 북에 대한 적대감, 내부의 적에 대한 불안과 증오에 고개를 끄덕인 국민들은 박근혜의 이 문제를 심각하게 받아들이지 않았다. 적대의식과 불안, 증오의 색안경이 사실을 사실로 받아들이지 못하게 만들었다. 박정희의 뒤를 이은 박근혜이므로 '적으로부터 대한민국을 지킬 사람'이라고 호감을 느낀 이상, 그가 민주주의와 상반된 인물임을 증명하는 사실이 드러나도 무심히 스쳐갈 뿐 자세히 살펴볼 필요를 느끼지 않은 것이다. 유력 야권 후보들도 모두 종편과 국정원이 만들어낸 대통령 선택 기준을 바꿀 엄두도 내지 못한 채 그 기준에 따라 점수를 잃지 않으려고 전전긍긍하는데, 이미 그 기준을 받아들인 국민들이 굳이 박근혜가 민주주의 국가의 대통령이 될 만한 사람인지를 따져볼 이유가 무엇이었겠나.

통합진보당이 해산당하자 정권의 종북몰이는 최소한의 자제조차 없이 무차별하게 감행되었다. 종북몰이는 세월호 참사 가족들에게 향했고 일본군 '위안부' 강제 동원에 대해 법적 책임을 요구해온 정대협(한국정신대문제대책협의회)으로 번졌으며 야당 정치인들을 겨냥했고 급기야 정부를 비판하는 모든 세력에게 가해졌다. 그러자 국민들이 "이런 게 종북이면 나도 종북"이라 반박하고 나서는 일이 벌어졌다. 종북 공격으로 민주주의가 파괴되는 현실이 뚜렷해지자, 국민들이 비로소 민주주의 문제에 눈을 돌리기 시작한 것이다. 2015년 울산 중구 기초의원 보궐선거에서, 또 2016년 울산 북구와 동구 국회의원 선거에서 선거운동기간 내내 새누리당이 종북 공격으로 일관했지만, 야권이 흩어지지 않고 모이고 노동자들과 주민들의 압도적인 지지로 통합진보당 출신 후보들이 당선된 것이 그 상징적인 사건이다.

이 상황에서 박근혜가 국민들 몰래 최순실을 국정 실세로 앉히고 최순실의 지시대로 행동하고 최순실 일가에게 온갖 특혜를 주는 데 나서는 등 민주국가의 대통령으로서 상상할 수 없는 헌법 위반 행위를 저지른 것이 명백한 증거와 함께 알려지자, 비로소 국민들은 '민주주의'를 다시 판단 기준으로 삼기 시작했다. 그리고 흘려보냈던 박근혜의 문제를 다시 보기 시작했다. 박근혜가 탄핵소추당한 뒤에도 자신의 잘못을 인정하지 않고 통합진보당 해산을 자신의 가장 중요한 치적으로 말한 것은, 그가 여전히 국민들로부터 '대한민국을 지킬 사람'으로 인정받아 되살아날 것을 기대하기 때문일 것이다. 그러나 이미 국민들의 판단 기준은 '민주주의'로 돌아갔기에, 박근혜의 시도는 성공할 가능성이 없다.

국민들은 분단의 역사가 만들어낸 색안경을 낀 채 수구세력과 종편이 주창한 판단 기준에 따르다가는 민주주의를 지킬 수 없다는 엄연한 진실을 눈으로 확인했다. 그렇다면 이제 필요한 것은, "앞으로는 속지 않겠다"는 다짐이 아니다. 사실을 사실로 받아들이지 못하게 만든 색안경을 벗어던져야 한다. 나도 느끼지 못하는 사이 어느새 색안경이 씌워진 것 아닌지 때마다 자신의 얼굴을 만져보아야 한다. 그 색안경을 만들어낸 한국 사회 70년 분단의 역사를 바꿔야 한다. 그래야만 더 이상 "속았다"고 후회하지 않을 수 있다.

2장

과거에서 미래로 가기 위하여

이 일을 되풀이하지 않으려면

통합진보당 강제해산 사건만을 놓고 보면, 이 일을 만들어낸 공작정치, 헌법유린과 민주주의 파괴의 진실을 밝히고 범죄를 처벌하는 것이 당연히 필요하다. 김영한 민정수석 업무일지는 박근혜 대통령의 지휘 아래 김기춘 비서실장이 대통령 비서실을 동원해 벌인 위헌적 행위의 뚜렷한 증거다. 헌법재판소를 동원한 위헌적 정당해산에 대해 모든 책임을 져야 할 사람은 당연히 박근혜. 김기춘의 직권남용과 박한철 헌법재판소장의 공무상 비밀누설은 삼권분립과 사법권의 독립을 침해한 범죄행위다. 상응한 법적 책임을 지게 해야 한다. 앞으로 다시 이런 일이 벌어지지 않게 하기 위한 최소한의 조치다.

박한철 소장은 통합진보당 해산사건의 재판장이었다. 재판에 관여한 법관이 직무상 범죄를 저지른 것이 드러났으므로 마땅히 재심이 이뤄져야 한다. 내란음모사건 확정판결 뒤 정당해산 사건 선고를 내렸다면, 내란음모도 없고 'RO'도 없다는 것이 확정된 뒤라면, 정당해산은 불가능했다. 그런데 박한철 소장은 '연내 선고'하라는 김기춘의 종용에 따라 내란음모확정판결 이전으로 정당해산결정을 앞당겨 강행하고 지역구 의원직 상실까지 선고했다. 정당해산사유가 없는데도 청와대의 개입과 재판관의 내통으로 만들어진 통합진보당 해산결정은 재심으로 취소되어야 옳다.

하지만 이것이 전부가 아니다. 박근혜 집권도 모자라서 통합진보당 강제해산까지 사태를 끌고 간 종북몰이가 다시는 되풀이되지 않게 해야 한다. 종북몰이를 끝내는 것, 어떻게 가능할까. 단서는 2016년 촛불의 광장에 있다. 박근혜 정권의 반민주적 헌법위반과 범죄 행각이 드러나고 국민들이 다시 '민주주의'를 박근혜에 대한 판단 기준으로 삼기 시작하면서, 국민들은 그간의 종북몰이가 정치적 반대자를 말살하기 위한 것이었음을 알아보기 시작했다. 게다가 그 공격이 청와대가 국정원과 극우단체들은 물론 헌법재판소와 법원, 언론을 모두 동원해 벌인 것임이 김영한 업무일지와 문체부 블랙리스트 등으로 명백하게 드러났다. 현존하는 집권세력이 일으킨 종북몰이의 실체와 모의 실행 과정이 백일하에 드러난 것은 사상 처음이다. 국민들은 자신도 모르게 씌워진 색안경을 비로소 자각하기 시작했다.

종북몰이를 끝내기 위해 가장 먼저 필요한 것은, 누가 그 색안경을 씌웠는지, 어떻게 그 색안경이 씌워졌는지를 국민들이 깨닫는 것이다. 종북몰이가 왜 생겼고 어떻게 벌어졌는지, 역사적 구조적 인식이 퍼져나가는 것이 필요하다. 박근혜 정권만이 종북몰이를 권력유지 수단으로 쓴 것이 아니다. 일제에 부역한 매국노들이 해방 이후 다시 권력을 잡기 위해 분단을 악용해 '빨갱이 때려잡겠다'고 내세운 것이 70년 동안 이름만 바꿔 이어지다 종북몰이까지 왔다. 국민들은 박근혜-최순실 게이트를 통해 판단 기준을 '민주주의'로 되돌렸다. 그렇다면 이제 '누가 종북이냐'고 물을 것이 아니라 '종북몰이로 민주주의를 파괴하는 저들은 누구냐'고 물어야 한다. 종북이라고 의심받지 않기 위해 전전긍긍했던 정치권도 이제는 이런 질문을 던질 수 있어야 한다.

두 번째로 필요한 것은, 종북몰이꾼들을 통제하는 것이다. 자신의 세력 확장과 집권을 위해 종북몰이를 한 세력들이 다시는 종북몰이를 시도하지 못하도록 해야 한다. 종북몰이로 지탱해온 세력이 더 이상 한국 정치를 좌우해서는 안 된다. 박정희 유신 독재의 부활을 꿈꾸며 헌법을 훼손하고 범죄행위를 저지른 박근혜와 김기춘, 최순실 등은 범죄자로서 처벌받고 역사의 뒤안길로 사라질 것이다. 2016년 촛불혁명의 힘이다. 하지만 박근혜를 대통령에 당선시키기 위해 종북몰이를 일삼았던 새누리당 인사들은 여전히 직위를 유지하고 재집권을 꿈꾸고 있다. 재집권에 실패하더라도 개헌을 통해 안정적인 재기를 보장받으려 시도할 가능성도 크다. 이들이 또 다시 한국 정치를 손에 쥐고 흔들도록 허용해서는 안 된다. 종북몰이의 주역들에 대해 국민들이 분명한 정치적 평가를 내려야 한다. 탄핵결정이 내려지면 치러질 대통령 선거와 2018년 지방선거, 2020년 국회의원 선거가 바로 그 평가의 공간이다.

아울러 종북몰이의 진원지인 국정원을 해체해야 한다. 수구의 집권을 위해 조직적 범죄행위도 서슴지 않고, 그 범죄가 발각되자 이석기 의원 등에 대해 내란음모사건까지 조작해낸 국정원을 그대로 두고는 종북몰이를 끝낼 수 없다. 과거 민주정부가 그랬던 것처럼 국정원을 존속시켜 활용하는 방법으로는 수십 년 굳어져온 국정원의 습성, 수구세력을 위한 공작정치의 본산이라는 본질을 바꿀 수 없다. 국정원을 해체한 뒤, 국가 차원의 정보 수집 기능을 맡을 정보기관을 새롭게 구성해야 한다. 국제 테러 정보 수집은 해외정보원을 신설해 맡기고, 북한 내부 정보 수집은 통일정보원을 신설해 맡겨 북한 정보가

'내부의 적'을 만들고 공격하는 데 악용되지 않게 해야 한다.[1]

또한 종편을 통제하고 방송의 공정성을 회복시켜야 한다. 종편이 왜곡 편향보도를 하지 못하게 해야 한다. 그러지 않으면 국민들이 스스로도 알지 못하는 사이에 다시 분단의 적대의식, '내부의 적'에 대한 불안과 증오의 색안경을 끼게 될지도 모른다. 종편이 더 이상 민주적 여론 형성을 방해하지 못하도록 공정한 방송심의를 강화해야 한다. 그 결과 민주주의를 지탱하는 한 기둥으로서 언론의 책임을 다하지 못한다고 판단되는 종편은 퇴출시켜야 한다. 공중파가 종편을 따라가며 양심적 언론인들을 쫓아내고 수구세력에 아부하는 인사들로 빈 자리를 채워 민주주의에 역행하는 방송을 해온 것도 시급히 바로잡아 양심적 언론인들이 제자리에 복귀하게 해야 한다. 국정원 해체와 종편 통제, 방송의 공정성 회복은 정권교체 이후 매우 중요하게 다뤄야 할 문제다.

수구세력 집권을 위해 종북몰이를 휘둘러온 세력들이 같은 일

◇◇◇◇◇◇

1　　국정원 해체와 종편 퇴출에 대한 자세한 내용은『진보를 복기하다』(이정희 지음, 들녘, 2016), 5장 "수구세력 장기집권의 보검-종편퇴출법", 6장 "늑대에게 물리지 않으려거든 애완견으로도 키우지 말라-국정원해체법" 부분을 참고하기 바란다.

을 되풀이하지 못하도록 제어할 수 있다면 종북몰이는 크게 줄어들 것이다. 그렇지만 이 조치들로 종북몰이의 뿌리까지 완전히 없앨 수는 없다. 종북몰이의 뿌리를 걷어내기 위해 필요한 것이 바로 분단의 상처를 치유하는 일이다.

셋째, 종북몰이의 뿌리인 분단의 적대의식, '내부의 적'이 실재한다고 생각하는 근거 없는 불안, 만들어진 '내부의 적'에 대한 편향된 증오를 치유해야 한다. 이 의식과 감정들이 수구세력의 반민주적 종북몰이를 허용하고 그에 동조하게 했기 때문이다. 국민들 스스로 적대의식과 불안, 증오를 치유하고 극복하게 할 새로운 생각이 필요하다. 그래야 종북몰이가 되풀이되지 않고 치유가 진행된다. 어떤 생각이 자라나야 할까. 나는 이것이 '평화주의'여야 한다고 본다.

평화주의는 반대자와 사이에 쌓인 갈등과 대립을 극복하고 인정과 공존, 화해와 협력으로 나아가려는 시도다. 평화주의는 70년 분단의 적대상황을 이어오며 '내부의 적'을 색출하는 데 몰두해 민주주의 후퇴의 결과마저 용인해온 한국 사회에 가장 필요한 생각이다.

국민들이 분단의 역사와 수구세력의 권력욕이 씌워놓은 색안경을 벗고 나면 편견과 증오가 사라질 것이다. 그러면 남북관계에 있어, 또 자신과 다른 의견을 가진 세력에 대해서도, 상대를 인정하고 차이를 넘어 포용하려 생각해볼 수 있게 된다. 각자 다르지만 존중하며 갈등을 가라앉히고 공존하려는 시도가 가능해진다. 전쟁과 대결에서 벗어나 화해와 협력을 이루려는 행동에 나설 수 있다. 걸림돌을 치워가며 이 생각과 시도와 행동을 계속해나가려면 국민들 마음속에 평화주의의 신념이 자리 잡아야 한다. 남북의 화해와 협력을 추구하다 보면 분단 상황 자체가 공존을 방해하고 갈등을 끊임없이 만들어내는 근본 원인이라는 사실 인식에 도달할 수밖에 없다. 한반도에서 평화주의는 갈등의 유발 원인인 분단을 극복하고 통일을 달성해야만 제 궤도에 오르는 것이기에, 평화주의는 통일로 나아가려는 노력으로 이어질 것이다.

수구세력은 국민들에게 북을 향해 일제히 돌을 던지라고 요구한다. 북을 붕괴시키는 데 효과적인 수단이라서가 아니다. 그것이 어떤 효과도 없다는 것은 상식 있는 남북관계 담당자라면 모두 안다. 돌을 던지지 않는 사람을 골라내 내부의 적, 북의 편을 드는 '종북'으로 단죄하기 위한 요구일 뿐이다. 그러나 돌을 던지지 말자는 사람이 어떻게 누구 편을 드는 사람이겠는가. 싸움으로 문제가 해결될 수 없고 더 큰 싸움이 벌어진다는 것을 알기에 싸움을 피하려는 것이다. 전쟁은 과거로부터 쌓아온 권력과 재산과 명예를 빼앗기지 않기 위해 인명살상의 수단까지 동원하는 행위다. 생명이 쓰러지고 인간의 존엄이 무너지면 미래의 가능성은 그만큼 더 좁아진다. 그러나 평화는 인간의 생명과 존엄을 지키기 위해 자신의 것을 상대와 나누고 협력하는 길을 택하여 미래를 만든다. 그러므로 진정한 진보는 평화주의일 수밖에 없다. 통합진보당이 북을 편든다는 비난을 받으면서도 남북이 계속 싸워서는 안 된다고 호소한 이유다.

평화주의자들은 종종 내부의 적으로 매도당하고 배제되며 처벌받지만, 자신의 희생을 감수하는 노력으로 결국 공존을 앞당긴다. 평화주의는 오래 좌절을 겪지만 결국 평화를 만든다. 평화주의는 자신을 기성의 틀 안에 가두어 타인을 배척하지 않고, 자신의 고정관념을 고집함으로써 새로운 관계정립의 가능성을 부정하지 않기 때문이다. 그래서 평화주의는 진보다. 적대의식과 불안, 증오의 색안경을 벗은 국민들의 마음속에 평화주의를 키워내는 것은 종북몰이의 가장 큰 피해자였던 통합진보당과 그 구성원들을 위한 일이기도 하지만, 그들의 책임이기도 하다.

종북몰이를 뿌리 뽑기 위해 필요한 마지막 일은, 침묵하거나 외면하지 않겠다는 자각과 실천이다. 수구세력이 간첩사건을 조작하고 종북몰이를 되풀이해온 70여 년 동안, 사람들은 침묵했고 피해자들로부터 등을 돌렸다. 짓밟히는 사람을 돕거나 그를 위해 소리치지 않았다. 돕겠다고 나서면 그 자신도 빨갱이로 몰려 불이익을 받을지도 모른다는 공포 때문이었다. 피해자들 소수의 항의로는 종북몰이를 끝낼 수 없다. 종북몰이를 목격한 사람들이 함께 소리쳐야만 한다. 민주주의를 파괴하는 종북몰이에 침묵하거나 외면하지 않겠다는 자각과 실천이 있어야 한다. 종북몰이의 피해자들이 더 이상 고통받지 않도록 돕는 것도 그 자각의 표현일 것이다. 내란음모조작사건 피해자들의 석방을 요구하는 것도 그 하나다.

그럼에도 불구하고, 내가 책임져야 할 것들

: 책임져야 할 사람은 나다

통합진보당 해산으로 정권으로부터는 물론, 야권과 진보진영에서도 축출되고 배제당하며 일체의 정치적 발언권을 박탈당한 존재로 내몰린 당원들의 고통은 너무나 컸다. 나 역시 다르지 않았다. 그러나 그보다 더 나를 괴롭힌 것은, 통합진보당 해산 이후 더 힘겹게 고통을 견뎌야 했던 수많은 사람들의 모습이었다. 무어라 말할 수 없이 죄송스러웠다. 나 자신을 '피해자'로 규정하는 것을 수긍할 수 없을 만큼 '책임자'로서 부끄러움이 컸다. 통합진보당은 그저 어떤 구호를 외치는 집단으로 존재했던 것이 아니라 국민의 삶을 책임지겠다고 나섰던 정치세력이었기 때문이다. 여전히 유신 독재의 추억 속에 살며 '독재자 박정희'의 재림을 꿈꾸는 사람들에게 권력을 빼앗겨서는 안 될 일이었다. 그들과 맞선 싸움에서 국민의 마음을 얻지 못한 것이 뼈아팠다. 아무리 힘들어도 버텨내고 이겨냈어야 하는 것이 진보정치의 책임이었다.

통합진보당이 정권의 정치보복과 종북몰이를 이기지 못한 이유, 결국 국민의 마음을 잃었기 때문이다. 진보정치의 헌신성이 흐려지고 도덕성이 훼손당하면서 내부에서부터 일어난 분열이 몰고 온 결과였다. 이 사태를 막지 못한 나의 책임이 너무나 크다.

민주노동당은 2008년 분당에도 불구하고 이명박 정권의 폭정에 결연히 맞서면서 2010년 지방선거에서 지역별 야권연대를 이뤄내 영호남에서 고루 약진했다. 2011년 국회의원 보궐선거에서 당선자를 내고 한미FTA 재협상에 반대하는 야권의 공동행동을 이끌어냈고, 당의 정책을 야권공동정책합의로 발전시

컸다. 2012년 총선에서 원내교섭단체를 결성하는 것도 현실의 목표가 되었다. 그러자 기성정치에 몸담았던 사람들도 함께하겠다고 나섰다. 진보정치가 누구에게나 문을 여는 것은 바람직한 일이다. 다만 새로이 함께하려는 사람들을 진보정치의 헌신성으로 감싸 안고 도덕성으로 감동시킬 수 있을 만큼 준비와 노력이 많이 필요했다.

그러나 민주노동당 대표로서 통합을 적극 추진했던 나 자신이, 함께하려는 사람들 사이에 생각의 공감대를 넓히고 신뢰를 쌓아가는 과정을 찬찬히 살피기보다, 덩치를 키워 얻을 성과에 먼저 눈을 돌렸다. 통합하면 2012년 총선에서 모두 만족할 결과를 내리라 기대했고, 그러면 서로 차이가 있어도 통합을 발전시킬 수 있다고 생각했다. 민주노동당은 새로운 동료들을 감싸 안을 수 있다는 자신감이 따라붙었다. 내부의 준비가 부족했던 것을 주의 깊게 보지 못했다. 통합에 대한 노동계와 당내의 반대도 총선 결과로 설득할 수 있다고 여겼다. 공감과 설득은 결과보다 과정으로 이루어진다는 것을 깊이 생각하지 않았다.

통합진보당이 창당되고 처음 치르는 총선은, 새로운 동료들과 진보정치를 함께하기 위해 당의 다수를 이룬 민주노동당 출신 인사들의 헌신성과 도덕성이 돋보여야 하는 때였다. 하지만 정작 나타난 것은 이전에 없던 자리 욕심이었다. 민주노동당 출신과 참여당이나 새진보통합연대 출신 인사들 사이의 경쟁이 더 많았지만, 민주노동당의 강력한 지지세가 있고 당선 가능성이 높은 지역에서는 민주노동당 출신들 사이의 경쟁과 갈등도 심각했다. 자신이 후보가 되어야 이길 수 있다는 이유였다. 하지만 결국 민주노동당의 핵심 지역에서 모두 낙선하고 말았다.

야권연대 과정도 예외가 아니었다. 경선 없이 야권단일후보로 직행할 수 있는 후보는 손가락에 꼽았다. 그렇지만 직행티켓을 자신이 받지 못하면 탈당하겠다는 민주노동당 출신 인사도 있었다. 진보정당다운 더 큰 헌신성을 발휘해도 모자랄 때, 민주노동당 출신들마저 자리에 매달리고 서로 갈등했다.

물론 민주노동당 출신들 중에는 헌신하고 양보한 사람들이 더 많았다. 문제는, 갈등의 당사자가 된 사람들, 자리 욕심을 낸 사람들의 대부분이 민주노동당을 이끌고 당의 얼굴이 되어온 고위 당직자 또는 공직자 출신이었다는 데 있다. 당이 돈도 힘도 없을 때 당원들의 피땀으로 당직을 유지하고 공직을 누린 사람들이 더 많은 것을 가지려 나선 셈이다. 새로 당에 합류한 사람들로서는 이들의 말과 행동으로 민주노동당의 진면목을 판단하는 것이 당연했다.

통합에 이르기까지는 분명 서로 다른 문화 속에서 일해온 사람에 대한 인정과 존중이 있었다. 하지만 이들이 하나의 당 안에서 만나기 시작하면서는 상대방을 이해할 수 없는 존재로 여기기 시작했다. 작은 일들에서 차이가 벌어졌고, 두리뭉실하게 봉합한 차이는 작아지지 않고 커졌으며, 이것은 곧 갈등으로 변했다. 십 몇 만 원 쓴 것을 공금으로 처리할 것인지를 놓고 중앙당 간부들이 서로 얼굴을 붉힐 정도였다.

문제는 당의 다수를 차지하고 통합을 앞서 추진한 민주노동당 출신들이 어떻게 대처했는가다. 진보정치가 해온 방식대로 헌신성과 도덕성을 발휘해야 했다. 새로 함께한 사람들을 감싸 안아 하나가 되도록 노력해야 했다. 하지만 그러지 못했다. 민주노동당 안에서 만들어온 원칙을 내세우는 것으로 일을 마무리 지으려 했다. 헌신성도 도덕성도 포용력도 보여주지 못한 다수는 어떻게 해서든 자신들의 의견을 관철시키는 집단으로 비쳤다.

2012년 총선이 가까워오면서 당내에 이런 문제들이 차곡차곡 쌓이고 있었다. 그 와중에 진보정치의 도덕성을 크게 흔드는 사건들이 생겨났다. 관악 을 여론조사경선에서 민주당과 사이에 벌어진 문제는 내가 사퇴로 책임지면 될 일이었다. 그러나 이어진 비례경선 부정논란으로 터져 나온 당 내부의 갈등과 분열은 누가 사퇴하거나 책임지겠다고 해서 해결될 문제가 아니었다. 헌신성과 도덕성이 훼손당하면 진보정치는 힘을 가질 수 없다. 2012년 총선 과정에서 드러나기 시작한 진보정치 내부의 욕심들이 갈등을 분열로 키웠고, 내부의 분열은 그 어떤 것보다 진보정치를 손쉽게 주저앉혔다. 진보정치에 기대와 지지를 보냈던 국민들의 마음이 떠나갔다. 박근혜 정권은 이것을 기회로 내란음모사건을 조작하고 통합진보당을 강제 해산시켰다.

이 일들에 대해 책임져야 할 사람은 누구인가. 그때도 지금도, 사람들은 서로를 이 사태의 원인을 제공하고 악화시킨 사람으로 꼽는다. 80년대 해묵은 운동권 내부의 감정다툼까지 불러내 상대를 없어져야 할 세력이라 규정한다. 반감은 매우 크고 깊다. 그러나 진보정치 내부에서 누군가 이 일들에 책임져야 한다면, 책임져야 할 사람은 바로 나다. 어느 조직이건 공적 지위에 있는 사람은 큰 권한을 갖기 마련이다. 실패에 대한 책임 역시 공적 지위에 있던 사람이 지는 것이 원칙이다. 또한 당시 통합을 전후하여 외형뿐만 아니라 실질로도 내가 대표로서 맡은 일의 비중이 상당히 컸다. 또 내가 대표의 지위에서 처리한 일들에서 심각한 문제들이 생겨났다. 내가 그 책임을 져야 하는 이유는, 실제로 내가 저지른 잘못이 매우 크기 때문이다.

: 원칙을 어겼다

나의 가장 큰 잘못은 통합진보당 공동대표로서 통합 이후 서로 다른 사람들의 이해와 협력을 이끌어내고 당의 진보적 방향을 확고하게 할 책임을 다하지 못한 데 있다. 통합을 추진하면서 자신감은 지나쳤던 반면, 정작 통합 이후의 노력은 부족했다. 총선에서 좋은 성적을 거두면 반대했던 사람들의 마음도 풀어질 것이라 기대했을 뿐, 좋은 성적을 얻기 위해 필요한 상호 이해와 협력을 높이는 노력을 다하지 않았다. 통합진보당이 성공하기 위해 그 누구보다 대표의 역할이 막중하던 때였다. 그러나 나는 진보정치가 키워왔던 헌신성이 발휘되게 노력하지도 못했고, 도덕성을 높이려 애쓰지도 않았다. 갈등 조정을 미루어 책임을 방기하기도 했다.

당의 활동을 진보정당답게 이끄는 것도 총선 이후로 미루어두었다. 창당 이후 쌍용차나 유성기업 등 노동 현안 해결에 적극 나서지는 않은 채 당내 후보조정과 야권연대 협상, 선거운동에 몰두했다. 정리해고의 부당성을 밝히기 위해 어렵게 싸우는 쌍용차 노동자들 앞에서 선거만 끝나면 복잡한 문제를 다 풀어낼 것처럼 말하며 면피한 것이 두고두고 부끄러웠다. 나 자신은 2012년 총선이 변화의 열망이 터져 나오는 선거가 되지 못한 책임을 다른 당에만 돌릴 수 없었다.

또 하나의 심각한 잘못은, 통합 과정에서 진보정당의 운영원칙을 어긴 것이다. 진보정당은 운영 과정을 당원들에게 투명하게 공개하는 것이 원칙이다. 그래야 결정이 집행될 때 논란도 갈등도 적다. 그러나 2011년 11월 급물살을 타던 통합이 총선 후보 결정 방식과 부채 승계 문제로 지체되자, 나는 협상 당사자들 간 비공개 합의로 문제를 봉합했다. 비공개 합의는 이후 모두 지켜지지 않았고, 당은 큰 혼란을 겪고 손실을 감당해야 했다. 대표인 내가 진보정당이 지켜야 하는 업무처리의 투명성과 공개성의 원칙을 지키지 않고 밀실에서 처리한 결과다. 대표를 믿고 일을 맡긴 당원들과 지지자들에게 큰 잘못을 저지르고 말았다.

빼놓을 수 없는 잘못은, 나 역시 내가 속한 집단보다 작고 약한 집단을 배제했다는 것이다. 2012년 이후 배제의 대상이 되면서, 비로소 이전의 내가 가졌던 작은 자만심들이 보였다. 2012년 총선에서 야권연대를 만들어내면서 다른 더 작은 진보정당들과는 연대를 위한 노력을 크게 기울이지 않았다. 일을 빨리 진행시켜 성과를 내는 것이 먼저고, 그들의 목소리를 듣는 것은 덜 중요하다고 생각했다. 진보정치를 대표한다고 자임하면서, 당 안팎의 작은 세력들의 목소리는 그다지 진지하게 받아들이지 않았다. 한국 사회를 진보적으로 바꾸려 한 사람들과 사이에 마음의 앙금이 남지 않게 노력하고 작은 의견이라도 숙고하는 진지한 태도를 갖지 못한 나의 미숙함이 무척 부끄럽다. 그분들에게는 이후 통합진보당이 배제당하고 파괴당할 때 왜 나서서 돕지 않느냐는 서운함도 차마 가질 수 없었다.

진보정치의 갈등과 분열의 한가운데 있었던 사람으로서, 그 과정에서 상처와 피해를 입은 분들에게 깊이 사죄드린다.

: 거짓말하면서 살아남고 싶지는 않았다

사실 내가 가장 많이 받은 비난은 '경기동부'에 휘둘려 이석기 의원을 감싸다가 당까지 빼앗겼다는 것이었다. 2012년 비례경선 부정논란 이후 이 의원이 사퇴해야 당이 살아난다고 집요하게 요구했던 이른바 진보 언론의 시각이기도 하다.

그러나 나는 비례경선 부정논란이 어떻게 하여 일어났고 왜 잘못된 것인지 내막을 가장 잘 아는 사람이었다. 나 스스로 사실을 찾아냈고 진상조사보고서가 거짓으로 가득하다는 결론을 내렸다. 그 과정에 당내 어느 정파나 인물의 간섭이나 압력을 받은 바도 전혀 없었다. 당시 언론과 국민들에게 제대로 설명하거나 이해시킬 수 있는 상황이 전혀 아니었고 나 또한 그럴 능력도 갖지 못한 상태였지만, 적어도 내 지위와 평판을 유지하기 위해 사실이 아닌 것을 사실이라고 할 수는 없었다. 나는 정부여당 등 정치적 상대방에 대해서도 사실이 아닌 것을 들어 공격한 적이 없다. 그것이 내가 정치를 하면서 지켜야 할 최소한이라고 생각했다. 하물며 사실이 아닌 것을 알면서도 그것을 숨긴 채 살 길을 찾을 수는 없었다.

비난이 쏟아질 것을 알면서도 내 선택을 바꾸지 않은 이유는, 거짓말하면서 살아남고 싶지는 않았기 때문이다. 그 대가는 무척 가혹했다. 그러나 그때 내가 그런 선택을 하지 않았다면 나는 스스로에게까지 거짓말을 해 살아남았다는 자괴감에서 벗어나지 못했을 것이다. 진보정치에 조금이라도 보탬이 되어야겠다는 생각도 남아 있지 않았을 터이다.

내란음모사건으로 당이 해산까지 내몰렸는데 당대표가 아무 조치도 하지 않고 해산당하고 말았다는 비판이 있다는 것도 안다. 당대표로서 해산을 피할 수 있었다면 무엇이든 해야 했다. 하지만 정권의 정치보복과 종북몰이의 본질을 알면서도 조작된 사건 때문에 동료를 내쫓을 수는 없었다. 그보다는 함께 고통을 겪으며 헤쳐나가기를 선택하는 것이 덜 고통스러웠다. 참담하게 패배했다. 지킨 것은 양심뿐이었다. 하지만 양심을 버렸다면 패배보다 더 치욕스러웠을 것이다.

그렇지만 이것은 그 야만적인 시간을 겪고서도 나의 몸과 마음이 아직 살아 있을 수 있는 이유에 지나지 않는다. 종북몰이에서 민중들과 당과 동료들을 지키지 못한 책임은 여전히 무겁고, 그에 이르기까지 내가 범한 실책과 과오들은 분명하다. 이것을 잊지 않고 살아가는 것이 유일하게 지금 내가 약속할 수 있는 일이라는 것이 몹시 죄송스러울 뿐이다.

미래로 가기 위해 바꿔야 할 것들

: 과거를 불러낸 이유

진보정치가 과거를 딛고 미래로 나아가기 위해 바꾸어야 하는 것은 무엇일까. 무거운 과거를 굳이 불러낸 이유는 이것을 찾아내기 위해서다.

첫째, 진보정치의 존재 가치를 찾는 노력을 기울여야 한다. 진보정치는 사람이 사람답게 존중받는 세상, 노동자 농민 서민들이 진정한 주권자가 되는 세상을 추구하며 국민들과 많은 시간을 거리에서 함께했다. 2016년 겨울 대한민국의 주권자임을 선언한 국민들이 해낸 것과 진보정치가 추구한 것이 다르지 않았다. 하지만 국민들과 진보정치의 거리는 아직도 가깝지 않다. 진보정치가 내놓은 괜찮은 정책들은 더 큰 야당들이 한다고 하고 그곳에도 좋은 정치인들이 많은데, 굳이 극소수 진보정당이 왜 따로 존재해야 하는지도 그다지 선명하지 않다.

종북몰이의 폭풍 속에서는 말할 기회조차 찾을 수 없었지만, 진보정치가 가진 생각과 지향을 정확하게 말하고 확산시키는 노력이 크게 부족했다. 진보정당의 존재 가치가 분명하지 않은데 '부정, 폭력, 종북' 비난이 쏟아지니 국민들의 거부감은 매우 커졌고, 정권도 강제해산을 감행할 수 있었다. 종북몰이가 끝난다고 해서 국민들이 진보정치가 바라는 것이 무엇인지 바로 알게 되고 수긍하는 것도 아니고, 진보정치의 존재 가치가 확립되는 것도 아니다. 진보정치 스스로 진보정치의 궁극적 지향에 대해 생각을 정립하고 국민들과 대화하여 국민들이 진보정치의 존재 가치를 인정할 수 있게 해야 한다.

둘째, 진보정치의 중심에 비정규직, 청년 노동자들이 있어야 한다. 진보정치가 비정규직 문제 해결에 더 집중해야 한다. 2012년 통합진보당의 추락은 단순히 비례경선 부정논란과 종북몰이에 몇몇 사람들이 잘못 대처해서 빚어진 결과가 아니다.

이미 오래전부터 진보정당에 대한 노동현장의 지지가 흔들려온 결과다. 민주노동당에서 통합진보당까지 당을 만들고 국회의원도 만들었지만 정작 노동현장을 진보의 방향으로 바꾸지도 못하고 진보적 노동정책을 펼치지도 못하면서 자리다툼하고 파벌 싸움하는 데 대한 노동자들의 실망감이 비례경선 부정논란을 접하자 한꺼번에 폭발한 것이다.

진보정치의 중심에 비정규직, 청년 노동자들이 있어야 한다는 것은 단순한 선언이나 당위가 아니다. 가장 낮은 자리에 있는 노동자들이 진보정치의 중심에 있어야 진보정치가 현실의 문제를 가장 잘 볼 수 있다. 진보정치가 근본적 입장을 견지하도록 지탱하는 것도 역시 노동자들의 존재다. 진보정치가 진보적 상상력을 발휘하게 하는 힘도 헌법과 법률을 뛰어넘어서라도 현실을 바꾸지 않으면 자신의 삶을 바꿀 수 없는 노동자들의 절박한 처지에서 나온다. 비정규직, 청년 문제를 해결하기 위해 전력을 다하는 데서 진보정치의 제 모습이 살아날 것이다.

비정규직 문제, 청년 노동 문제는 국민들이 가장 고통받는 문제다. 정치가 대안을 내놓지 못한 채 상황은 줄곧 악화되고, 국민들은 정치에서 더 멀어져갔다. 진보정치의 책임이 없을 수 없다. 진보정치가 노동문제, 특히 비정규직과 청년 노동문제 해결에 힘을 쏟지도 않고 의미 있는 대안을 내놓지도 못한 것도 진보정치의 존재 가치가 흐릿해진 이유 가운데 하나다. 진보정치가 비정규직과 청년 노동의 현실에 더 가까이 접근하고 이들의 노동3권 보장을 위해 직접 나서야 한다.

셋째, 과거의 갈등에 얽매이지 말아야 한다. 국민들이 진보정치에 실망하는 이유 중 가장 큰 것이 바로 내부 갈등이다. 사람 사는 곳에 갈등 없는 곳 없다. 하지만 진보정치 내부 갈등이 심각한 문제인 이유는, 과거의 갈등이 현재로 이어지고 진보의 미래까지도 제약하기 때문이다. 수구세력은 현재의 이익을 지키고 미래의 이익을 얻기 위해서라도 과거의 갈등을 덮어버리지 않던가. 그런데 진보정치는 수십 년 지난 과거의 갈등에 얽매여 미래를 포기한다. 1980년대 자신이 학생 때 보고 들은 일부터 최근의 일까지 이어 붙여 상대방을 외면하고 비난하는 사람들이 진보정치 안에 아직도 많다. 민주노동당과 통합진보당에서 벌어진 두 번의 분당으로 갈등은 더 커졌고, 통합진보당 해산 이후에도 갈등은 줄어들지 않았다.

과거의 기억 때문에 앞으로도 믿을 수 없다고 해서는 안 된다. 사람이 사람으로 존중받고 주권자가 자신의 의지를 실현시키는 세상을 만들자는 뜻이 같고 방법도 같다면, 그가 누구든 함께할 수 있어야 한다. 사람을 제대로 본다는 것은 그와 나 사이의 문제가 다시 되풀이되지 않도록 내가 더 낫게 행동할 방법을 찾아내기 위한 것이지, 과거의 일 때문에 특정한 사람이나 세력을 멀리하거나 배제하기 위한 것이 아니다.

갈등을 넘어 함께하는 과정이 순탄할 수만은 없다. 오랜 감정들이 쌓여 상대에 대해 미래를 향한 믿음을 갖기 어렵게 한다. 하지만 더 많은 사람들이 함께해야 목표를 성취할 수 있다는데 동의한다면, 갈등에서 자유로운 사람, 상처를 빨리 치유한 사람에게 앞장설 시간과 공간을 마련해주고 뒤에서 도우면 된다. 자신의 한계에 진보정치를 가두어두지는 말자.

: 통합진보당 동료들에게

종북몰이로 파괴당한 통합진보당과 그 당원들, 지지자들이 피해자임은 분명하다. 또다시 배제와 증오의 대상이 되어서는 안된다. 하지만 이들 스스로 피해자로서 위로받아야 할 존재로 자신을 규정하는 것을 넘어, 국민들의 적대의식과 불안, 증오를 치유할 책임을 감당하고 나설 수 있다면 어떨까. 과거의 응어리는 종북몰이를 막는 데 함께 나서지 않은 사람들을 원망하거나 비판하며 사과를 요구한다고 해서 풀리는 것이 아니다. 많은 사람들이 비판을 받거나 사과를 요구받을 때 자신의 존재 자체가 위협받는다고 느끼고 방어기제를 작동시킨다. 자신이 그처럼 생각하고 행동하게 된 이유를 상대에게서 찾아내고, 상대가 이 점을 수긍하지 않으니 자신도 사과할 일이 아니라고 대응하는 것이다.

통합진보당을 증오했던 국민들, 낙인찍기와 배제에 동참했던 야권과 시민사회, 진보진영에 대해, 왜 그랬을까 이해하려고 시도해보면 어떨까. '그래서 이랬구나' 하고 생각해볼 수 있을까. 그 행동이 옳지 못한 것이어도, 내가 과거에 만들어낸 갈등으로 그들의 마음이 멀어졌다고 먼저 고백할 수는 없을까. 나의 상처보다 그들의 상처를 먼저 돌아볼 수는 없을까. 진보정당 안팎에 있었던 많은 사람들이 예전의 동료, 분열 당시의 상대로부터 받은 상처로 인해 오래 고통 속에 있었다. 문제는 상대도 자신이 상처받았다고 여긴다는 것이다. 서로 자신은 피해자로, 상대는 가해자로 여긴다. 어떻게 해야 할까. 객관적인 상처의 크기에 상관없이, 내가 입힌 상처가 상대에게는 몹시 큰 것이겠구나 여기고 위로하고 미안하다고 해야 한다. 상대의 상처가 아물어가고 둘 사이에 쌓인 앙금이 덜어지는 것에 따라 내 상처의 치유도 더 빨라질 터이다.

종북몰이에 다시는 동참하지 말자 말하기에 앞서, 분단의 역사와 그에 발목 잡힌 한국 사회에서 누가 쉽게 자유로울 수 있었을지 생각해보면 어떨까. 분단을 통일로 바꿔내지 못하고 분단의 적대의식을 평화협력과 공존의 마음으로 바꾸지 못한 책임은 한국 사회 구성원들 모두, 정확히는 평화와 통일을 가장 앞서서 추구했던 진보정치와 통합진보당의 몫이라고 인정할 수 없을까. 결국 국민들 머릿속 분단의 철조망은 통합진보당이 국민의 지지를 받아온 만큼만 낮아질 수 있었던 것 아닌가. 우리 사회가 그곳까지밖에 진전하지 못했던 것에는 진보정치의 적자를 자임해온 통합진보당의 부족함이 또한 존재했기 때문이다.

상대의 잘못을 지적하는 것으로는 치유가 시작되지 않는다. 그가 왜 그렇게 했는지 생각해보고 이해해야 한다. 그렇게 만든 세상과 내가 문제였다고 상대를 감싸 안아야 치유가 시작된다. 내가 원하는 것은 당신을 소멸시키는 것이 아니라 당신과 새로운 시대를 여는 것이라고 대화해야 한다. 과거는 과거로 돌리고, 함께 가고 싶은 미래를 말해야 한다. 뜻을 같이한다면 누구든 같이 가야 한다. 그 과정에서 신뢰를 회복해야 치유가 계속될 수 있다. 사랑해야 할 수 있는 일이다. 사랑만이 상처를 치유한다. 오래 깊어져 손대기 어려운 상처일수록 더욱 그러하다. 하지만 사랑한다면, 하지 못할 것이 무엇이겠나. 이 땅에 사는 사람들과, 갈라진 한반도와, 이 굴곡진 역사 그 자체를 사랑한다면.

누군가 큰 고통을 겪어야만 국민들은 역사를 돌려세운다. 통합진보당 해산은 70여 년 분단의 비극적 역사의 결과 가운데 가장 심각한 문제 중의 하나다. 그렇기에, 통합진보당 해산을 만들어낸 수구세력의 실상이 명백히 드러난 지금 이때가 70년 넘게 계속된 종북몰이를 끝내는 마지막 고비일 수도 있다. 고통을 의미 있게 만드는 것 역시, 아프지만, 그 당사자들의 몫이다.

다시 한 시대가 간다. 87년 6월항쟁의 승리로 평화적 정권교체로 나아간 민주화는 민주정부 10년 동안 끝을 알 수 없는 양극화의 수렁에 빠져 좌초했다. 민주세력은 다시 수구세력에게 정권을 빼앗겼고 국민들은 민주주의가 파괴되고 역사가 후퇴하는 9년을 보내야 했다. 광주항쟁의 피와 눈물이 만들어낸 6월항쟁으로부터 30년, 진보정당이 태동했고 성장했으며 좌절했고 마침내 강제 해산당했다. 2016년 겨울, 역사의 후퇴를 전진으로 바꿀 새로운 물결이 일어났다. 새로운 시대에는 다시 후퇴하지 말아야 한다. 국민들의 머릿속에 여전히 남아 있는 분단의 철조망을 걷어낼 준비를 해야 한다. 진보정치가 가장 먼저 준비해야 할 것은, 사람들의 거리낌을 이해하려는 태도와, 사람들을 감싸 안고 대화하며 어떤 간격도 없이 힘껏 껴안으려는 마음이다. 그러기 위해, 사랑할 것. 어떤 조건도 없이, 사람들과 이 역사를 그 존재 자체로 사랑할 것.

2부

새로운 시대,
동행을 위하여

1장

다음 세대의 진보정치

진보정치의 궁극적 지향

: 정책보다, 강령보다 중요한 것

지금까지 진보정치는 자신이 추구하는 것을 어떻게 표현해왔
나. 내가 민주노동당에 처음 관심을 가진 것은 "부자에게 세금
을, 서민에게 복지를" 구호를 보면서였다. 많은 이들이 그러했
을 것이다. 민주노동당 초기부터 통합진보당까지 가장 많이 쓴
말이다. 그런데 가만히 따져보면 이것은 '경제적 부담을 누구
에게 지워 누구에게 복지의 권리를 보장할 것인가'라는 정책
차원의 구호이고 세상을 바꿀 '수단'이지, 이 정책을 통해 실현

시키려는 세상의 모습을 담고 있지는 않다.

정당이 어떤 세상을 만들 것인지 '목표'를 담은 문서가 '강령'이다. 민주노동당 강령은 '자주와 평등의 두 날개'로 만들어졌고 2013년 이후 통합진보당은 '자주, 민주, 평등, 평화통일'을 강령에 담았다. 국민들과 진보정당은 2002년 미군 장갑차 여중생 압사사건 촛불집회부터 2008년 미국산 소고기 수입반대 촛불, 2013년 국정원 대선개입 규탄 촛불에서 함께 만났다. 국민들은 광장에서 국민의 생명과 인권을 지키는 대한민국, 평등한 한미 관계를 말했고 민주주의 실현을 요구했다. 민주노동당, 통합진보당이 강령에 담은 한국 사회 현실 인식과 개선 방향이 옳은 것이었음은 분명하다.

하지만 국민들은 진보정당을 80년대에 각종 이념을 탐구하던 운동권 바라보듯 늘 낯설어했다. 왜 그랬을까. 진보정당이 한국 사회에 필요한 정책 '수단'도 말하고 그를 통해 이뤄내려는 한국 사회 변화의 '목표'도 말했지만, 결국 그 사회 변화를 통해 이뤄내고 싶은 '삶의 변화'는 말하지 않은 것 아닐까. 그래서 국민들 눈에 진보정당은 여전히 사람의 삶과 행복은 뒤로 돌린 채 오래된 이념의 틀 안에서만 세상을 보고 목표만을 추구하며 질주하는 사람들의 집단으로 보인 것은 아닐까.

진보정당이 내놓은 정책들은 이제 야권 전체가 받아들인다. '수단'은 진보정당으로부터도 얼마든지 가져다 쓸 수 있다는 것이다. 국민들도 거부감을 별로 갖지 않는다는 증거다. 하지만 한국 사회 변화의 과제를 담은 강령은 국민들 눈으로 보면 운동권 용어로 가득하다. 광장에서 만나 같은 목소리를 낼 수는 있지만, 강령에 담긴 '목표'에 동의하기는 망설여진다. 2016년 겨울, 천만 국민이 광장에서 주권자 선언을 했다. 국민의 뜻대로 박근혜 탄핵소추를 성사시켰다. 주권자로서 힘을 발휘한 경험을 통해 함께 희열을 느꼈다. 이 나라를 옳게 바꾸기 위해 한 사람 힘이라도 더 보탠다는 자긍심으로 추위를 견디며 촛불집회를 지켰다. 그렇지만 진보정치는 "진보정치가 추구한 '목표'가 옳은 것이었다"는 확신을 재확인하는 존재로 보일 뿐이다. 그 말이 맞을 수도 있겠다 싶어도, 신뢰를 주기는 여전히 어려운 존재다. 더구나 진보정치는 '사람'은 안중에 없이 '이념'에 사로잡힌 것 같고 '수단'과 '목표'만 내세우는 것 같으니, 매력도 별로 없다.

국민들이 진보정당의 존재 가치를 인정하는 것은 자신의 바람과 진보정당의 지향이 일치한다고 느낄 때 아닐까. 사람답게 살고 싶은 염원이 진보정당을 통해 실현되는 것을 확인할 때 진보정당을 신뢰하게 된다. 하지만 민주노동당도 이후의 어느 진보정당도 존재 가치를 인정받지도 신뢰를 얻지도 못했다.

진보적 정책을 만들어내거나 강령에 다른 정당과 구별되는 내용을 담는 것으로는 진보정당의 존재 가치를 인정받는 데 충분하지 않다. 정작 중요한 것은 '수단'도 '목표'도 아닌, 그를 넘어선 '사람'이기 때문이다. 수단을 실행에 옮기거나 목표를 달성하는 것보다 더 중요한 것은 '사람이 사람답게 살아가는 것'이다. '인간으로서 존엄'을 보장받고 '주권자의 힘'을 발휘할 수 있을 때 사람은 사람답게 산다고 느낀다. 수단이 실패해도 목표에 이르지 못해도 사람이 좀 더 사람답게 살 수 있게 된다면 그것이 바로 진보의 방향으로 나아간 증거다. 진보정치가 '수단'과 '목표'를 말하는 데 그치지 말고 '삶의 변화'를 더 말했어야 하지 않을까. 국민들이 행동에 나서는 마음을 읽어내고, 그 과정에서 국민들 스스로 경험하는 삶의 행복과 희열을 키워내는 것을 진보정치의 궁극적 지향으로 삼았어야 하지 않을까.

불가능한 일은 아니다. 진보정치가 그 존재 가치를 인정받고 신뢰를 획득할 수 있는 단서는 지난 17년 동안의 활동 속에서 이미 만들어졌기 때문이다.

: 사람답게 살고 싶어서 나선다

사람은 어떻게 현실을 바꾸겠다고 행동에 나서게 되는 것일까. 무슨 이념으로 무장해서, 어떤 강령을 실행하기 위해, 또는 조직이 시켜서 나서는 사람은 거의 없다. 돈 문제가 발단인 것 같아도 가만히 살펴보면 사람이 돈 때문에 나서는 것만은 아니다. 이건 인간적으로 도저히 못 참겠다 싶을 때 나선다. 사람답게 살고 싶어서 나선다.

'부당해고 철회'나 '밥값 지급' 등을 내걸고 집회에 나오는 사람들 대부분은, 해고로 겪는 생활고나 밥값 부담의 과중함을 말하는 데서 그치지 않고, 해고가 너무 비합리적이라 자존심 상해서 참을 수가 없다거나, 밥값도 안 주는 차별로 얼마나 비인간적인 모멸감을 느끼는지 구구절절 이어가다 "내 아이한테는 이런 세상 물려주고 싶지 않아서 나섰다."고 말을 맺는다. 돈 문제를 넘어 인간답게 대접받고 싶다는 것, '자존감'을 지키고 싶다는 생각이 현실을 그냥 눈감을 수 없는 것으로 인식하게 한다. 혼자만 겪고 끝나는 문제면 그냥 꾹 참고 넘어갈 수도 있지만, 개인을 넘은 공동체의 문제이니까 더 많은 피해자를 만들지 않기 위해, 다음 세대도 겪을 수 있는 문제이니까 부모 세대로서 내가 행동해야 한다는 '책임감'이 사람을 광장으로 이끌어낸다. 경제적 이익을 꼭 많이 챙기지 못하더라도 현실을 조금이라도 바꿔내는 것 자체만으로 사람은 '자긍심'을 느끼고 '사람답게 살아본다'고 말한다.

나이 오십 넘어 생전 처음 노동조합에 가입했다는 분들을 만날 기회가 종종 있었다. 노동조합 만들고 나아진 것이 있다면 무엇이나 물으면, 점심밥값이라도 받을 수 있어서 좋다, 명절 때도 떡값 한 푼 없더니 상여금이라고 주더라, 이어지는 말끝에 종종 이런 대답이 돌아온다. "평생 사람대접 못 받고 말 한 마디 못하고 살았는데 노조 만들고는 소장이고 누구한테고 마음껏 말할 수 있으니 좋지." 용역회사에 고용된 비정규직 노동자들의 말이다. 비정규직 일자리밖에는 얻을 수 없는 나이, 인생의 단맛 쓴맛 다 보고 난 때다. 그 나이에 새삼스럽게 "노동조합 덕분에 사람 사는 것 같이 살아본다"는 말에 마음이 아릿했다.

누구나 사람답게 살고 싶다는 열망을 품고 산다. 인정받고 존중받고 대우받고 싶어 한다. 사람은 자존감으로 살아간다. 모든 사람에게 보통선거권, 1인 1표를 부여한 민주주의의 원리는 바로 누구나 어떤 존재든 사람으로 동등하게 대우한다는 것이다. 그런데 이것은 오직 투표일 하루만 적용된 원리일 뿐, 현실은 사람 각각을 존중하고 사람으로 대접하지 않는다. 온갖 이유를 들어 불평등을 합리화하고, 사람들을 극한 경쟁으로 내몬다. 각자를 그의 돈벌이 능력에 따라, 더 정확히는 물려받은 권력과 재산에 따라 대우한다. 박근혜-최순실 게이트의 도화선이 된 정유라의 말, "돈 많은 부모 둔 것도 능력이야, 네 부모를 탓해.", 이 말은 누구나 사람답게 대우받아야 한다는 생각을 정면으로 부정한다. 사람들의 자긍심을 짓밟는다. 그 말이 분노할 만한 것이라면, 이 현실은 결코 용인할 수 없는 것임이 분명하다.

그런데 정작 진보정치는 사람을 행동으로 나서게 하기 위해 자존심과 자긍심, 사람답게 산다는 것의 의미를 말하기보다 얻을 수 있는 경제적 이익의 크기를 말하는 데 치우쳤던 것은 아닐까. 경제적 이익의 크기로만 보면, 재벌로부터 더 많은 돈을 걷어 더 많은 사람들에게 나누어주는 일은 잘했건 잘못했건 집권의 경험이 있고 큰 권력과 영향력을 가진 보수정당이 진보정당보다 더 빨리 해낼지도 모른다. 심지어는 극우정당조차 이것이 자신들의 집권에 필수불가결한 것이라면 해낼 것이다. 그러나 보수정당은 이를 자신의 치적으로 삼아 박수를 유도할 터이고, 극우정당은 이를 가난한 사람들에 대한 통제 수단으로 악용할 것이다. 국민들은 구경꾼으로 남거나 통제당하는 처지로 전락한다. 경제적 이익은 얻겠지만, 이래서는 사람으로서 자존감도 자긍심도 느끼기 어렵다.

진보정치가 오래전부터 제안해온 정책들은 시간이 흐르며 야권 전체의 것이 되었으나 진보정당은 오히려 분열하고 퇴조했다. 진보정치인 몇몇은 보수정치인보다 능력 있다는 평가를 얻었지만 진보정당 자체의 존재 가치를 확립하지는 못했다. 굳이 진보정당에 그 정책의 실현을 맡겨야 할 이유를 국민들 앞에 내놓지 못했기 때문이다. 결국 선거 때면 "무상급식 원조정당", "서민복지 원조정당" 현수막이 다시 등장했다. 그것밖에는 지지해달라고 설득할 말이 없기 때문이다. 이래서는 진보정치는 그 존재 가치를 인정받지 못한 채 유명 정치인 몇몇을 배출한 곳으로만 남을지도 모른다.

진보정치가 자신이 끝내 이루려는 지향을 분명하게 재확인해야 하지 않을까. 한 사람 한 사람이 사람답게 살며 삶의 의미와 행복과 자긍심을 찾는 것, 모든 사람들이 인간으로서 존엄을 존중받고 주권자로서 힘을 발휘하는 것이 진보정치의 궁극적 지향임을 확인하자. 정책 '수단'과 그로부터 나올 '이익'만을 말할 것이 아니라, '사람'을 보고 사람의 삶과 행복을 말하자. '목표'만을 말하지 말고 목표로 향해 가는 과정에서 얻어질 '내 삶의 변화'를 말하자. 이익의 크기보다 사람답게 사는 자존감을 먼저 본다면, 진보정당이 어떤 정책을 내놓을지 기준도 바뀌어야 한다. 경제적 이익의 크기와 수급자의 범위에 맞춰져 있던 정책의 초점도 바뀌어야 한다. 정책 실현 과정에서 사람들이 얼마나 더 자존감을 찾고 자긍심을 느끼게 되는지, 얼마나 더 큰 힘을 갖게 되는지가 진보정당의 첫 번째 관심이어야 한다.

: 경제적 이익에서 존엄으로

몇 년 전, 서울대병원에서 일하는 간병인들과 함께 점심을 먹은 일이 있다. 간병인들은 일주일에 하루 일요일에만 쉬며 집에 다녀온다. 집에서 밥을 한 솥 해서 다음 일주일 동안 먹을 밥을 한 끼씩 비닐봉지에 넣고 반찬을 만들어 병원에 가져와 밥을 냉동실에 넣어두고 한 봉지씩 꺼내 먹는 것이다. 얼마 전까지는 간병인 서넛이 탕비실 식탁에 앉아서 밥을 함께 먹었는데, 다른 환자 보호자들이 간병인들이 탕비실을 차지해서 불편하다고 병원에 민원을 넣었단다. 그래서 그 다음부터는 탕비실에 놓아두는 사람 키만 한 식판운반차 뒤에 숨어서 창틀 난간에 서서 밥을 먹는단다. 나도 같이 숨어서 밥을 먹었다. 사실 집에서도 밥이 남으면 냉동실에 넣었다가 데워 먹기도 하고 편의점이나 포장마차에서는 흔히들 서서 먹지 않나. 음식 맛은 문제될 것이 없었다. 그런데 은근히 서러워졌다. 일하러 오면서 일주일 치 밥을 싸 와서 숨어서 서서 먹어야 하는 상황이 참 서러웠겠다 싶었다. 요청하면 병원 측이 보호자용

밥도 병실로 함께 가져다주지만 이 밥은 비싸서 사 먹을 수가 없다. 병원비에 간병비까지 부담해야 하는 보호자들이 간병인에게 이 비싼 밥을 제공해줄 여유가 있는 것도 아니다. 그렇다고 병원 측이 직원 식당에서 밥을 사 먹게 해주지도 않는다. 간병인들로서는 싸 온 밥을 병실 환자 옆에서 먹을 수도 없고 결국 숨어서 창가에 서서 밥을 먹을 수밖에 없었다는 것이다. 서러움이란, 내가 한 인간으로서 존중받지 못한다는 느낌이구나 생각했다.

정치권에는 경제적 이해관계를 직접 공략해야 국민들의 지지를 얻고 표를 모을 수 있다는 것이 공식처럼 되어 있다. 민생이 우선이라는 말도 그 표현이다. 그러나 민생문제가 심각한 것은, 민중들이 기본적인 생존마저 유지하기 어려운 상황에서 이들이 생존을 위해서는 자존심 따위 버려야 하는 인간적 모멸감에 휩싸이는 데까지 치닫기 때문이다. '이렇게 더 살아서 무엇 하나, 이럴 바에는 떠나고 말지.' 하는 좌절과 자포자기로 목숨까지 잃기 때문이다. 인간으로서 자긍심에 상처를 입을 때, 사람은 삶의 의욕을 잃는다. 더 이상 희망을 갖지 못하는 것은, 그가 처한 경제적 상황 그 자체보다, 그 스스로를 인간으로서 지탱하게 하는 자존감이 심각하게 파괴된 데서 비롯된다.

이명박 정부 들어 복지누수를 막는다며 부양의무자 기준을 엄격히 적용하자, 장애 아이를 둔 아버지가 아이는 기초생활 수급자라도 되어야 한다면서 목숨을 끊는 비극이 이어졌다. 언론은 이들이 절망해서 세상을 등졌다고 표현한다. 그러나 조금 더 들어가보자. 이 아버지가 자살에 이른 이유는 '절망'이라는 한 단어로 표현하기도 너무 비참하다. 자신이 아이에게 어떤 도움도 되지 않을 뿐 아니라 오히려 이 비정한 세상에서는 아버지로서 자신의 존재 자체가 아이의 생존에 걸림돌이 된다고 생각하기에 이르렀기 때문이다. 자신이 사라져야 아이에게 도움이 된다고 여기는, 자기 존재에 대한 처절한 부정이다. 이들이 거부한 것은 바로 '인간으로서 자존감'조차 빼앗는 복지정책을 내놓은 한국 사회다. 이들이 요구한 것은 '인간으로서 자존감'을 갖게 하는 복지정책 아닐까.

민생위기는 곧 민중들이 인간적 모멸감을 느끼고 좌절의 나락으로 떨어진 상태다. 자존감이 크게 흔들려 회복되기 어려운 지경까지 간, 인간의 존엄이 유지될 수 없는 위기 상황이다. 민생위기는 단순히 복지 예산 확충이나 복지 시스템 정비로 극복할 수 있는 문제가 아니다. '인간으로서 존엄'을 보장하는 복지정책들이 여러 방면에서 시행되어야 민생위기를 극복할 수 있다.

'인간으로서 존엄'을 보장하는 복지정책은 어떻게 만들어져야 할까. 무상급식정책이 좋은 사례다. 무상급식정책은 2010년 지방선거에서 야권연대와 함께 야권의 승리를 이끈 요인이다. 왜 그런 폭발적 호응으로 이어졌을까? 정치권에서는 경제 문제에 민감한 30~40대에게 직접 경제적 이익을 주기 때문이라고 보는 분석이 많았다. 물론 각 가정에서 한 아이당 한 달 몇 만 원의 급식비를 절약할 수 있다는 것도 이 유권자들의 호응을 얻은 이유다.

하지만 무상급식정책은 이 유권자들의 호응을 얻는 데 그치지 않았다. 당시 한나라당은 무상급식정책이 이건희 삼성그룹 회장 손자에게도 공짜로 밥을 주는 포퓰리즘이고 이로 인해 학교 시설 개선 재원이 줄어든다며 집요하게 반대했지만, 유권자 대다수는 지지 의사를 바꾸지 않았다. 왜 그럴까. 복지 재원을 생활수준과 구체적 필요에 따라 배분한다는 면에서 보면 무상급식정책은 아주 효과적인 정책은 아닐 수 있다. 가구당 절약되는 금액도 매우 큰 것은 아니다. 하지만 많은 사람들은 가정형편이 어려운 아이들 몇몇을 친구들이 알 수밖에 없는 방식으로 골라내 식비를 면제해주는 당시의 급식 제도가 아이들의 자존감에 상처를 준다고 생각했고, 적어도 학교에서만큼은 아이들이 가난하다고 해서 상처받지 않게 하는 것이 어른으로서 마땅하고 옳은 일이라고 판단했다. 국민들 스스로 무상급식에 아이들의 자존감을 지켜주는 제도라는 의미를 부여한 것이다. 이 점이 무상급식을 추진한 야권 지지로 이어졌고, 무상급식정책에 대한 지지는 그 뒤에도 흔들리지 않았다.

복지정책 측면에서 보면 무상급식정책을 선별복지에서 보편복지로 나아가는 전환점으로 말할 수 있다. 그러나 선별복지와 보편복지 가운데 무엇이 바람직한가보다 중요한 것은, 복지 수급자를 존엄한 존재로 인정하는 정책인지다. 이 정책을 지지하는 자신의 선택이 옳은 일이라는 자긍심을 살려주는 정책이어야 한다.

하나의 정책이 각자에게 가져다줄 경제적 이익의 크기도 그 정책에 대한 지지와 성패를 좌우하는 중요한 요소다. 그러나 더 중요한 것은 그 경제적 이익을 누리며 회복되는 사람으로서 자존감이다. 진보정치는 이 점을 제대로 말하지 못했다. 새로운 복지정책을 내놓으면서 돈을 얼마 아낄 수 있는지, 생활에 얼마나 보탬이 되는지 말했을 뿐, 각자에게 얼마나 큰 자존감의 회복을 가져올 수 있는 것인지, 그 정책을 지지하는 것이 얼마나 보람 있는 일인지는 제대로 말하지 못했다. 똑같이 복지 확대를 말하는 보수정치와 진보정치의 차이를 '증세를 통한 재원 확보의 책임성' 수준에서 찾기도 했다.

사람의 마음에 눈을 돌려야 한다. 세상에는 돈으로 셀 수 없는 것들이 있고, 돈보다 더 중요한 것이 있다. 사람의 마음이다. 돈의 크기보다 사람이 살아갈 수 있도록 존엄을 찾게 하는 것이 더 중요하다. 그 정책을 지지함으로써 내가 사람으로서 옳은 일을 하고 인격이 고양되고 있다는 자긍심을 키울 수 있는 정책이어야 한다.

: 진보정치의 존재 가치

진보정치의 존재 가치는 진보정치의 궁극적 지향으로부터 나온다. 국민들로 하여금 '인간으로서 존엄'을 획득하는 과정을 직접 이끌게 함으로써 그 성과를 온전히 국민들의 것으로 만들려는 것이 진보정치다. 보수정치는 결과로서만 국민들에게 접근한다. 국민들은 유명한 보수정치인들의 활동을 요구하고 지원하고 박수치고 그 성과를 누리면 될 뿐이다. 그러나 진보정치는 결과로서만이 아니라 과정에서부터 사람들이 스스로 자존감을 회복하게 하는 정치다.

대부분 4, 50대 기혼 여성들인 학교 비정규직 노동자들은 일하던 학교 학생 수가 줄면 옆 동네 학교 학생 수가 늘어도 꼼짝없이 잘려나갔다. 십 년 이십 년 같은 학교에서 일해도 기본급 외에는 받지 못하고 방학이면 한 푼도 못 받았다. 과중한 노동에 병원 가려고 하루 쉬려면 자기 일당보다 비싼 돈을 주고 대체인력을 구해야 했다. 그랬던 학교 비정규직 노동자들이 노동조합을 만들고 진보정치의 전면에 나서면서 자신의 삶을 바꾸기 시작했다. "세상이 나를 바꿔주지 않으면 내가 세상을 바꾸겠다"는 말 그대로였다. 진보교육감들을 당선시키고 무기계약직 전환 조례를 통과시켰다. 국회를 통해 처우 개선 예산을 확보하고 박근혜 후보까지도 공공기관 비정규직을 정규직으로 전환시키겠다는 공약을 내놓게 만들었다.

이들의 목표는 돈 몇 푼 더 받는 데 머물지 않는다. 모든 비정규직을 없애는 것, 아이들에게 비정규직의 삶을 물려주지 않는 것이 이들의 목표다. 이들은 아직도 비정규직이지만, 조직을 만들고 진보정치에 나서면서 인간으로서 존엄과 자긍심, 주권자로서 힘을 확인했다. 이들이 모이면 활력이 넘친다. 이것이 진보정치가 펼쳐나가야 할 정치다.

인간으로서 자기 존재를 회복하는 경험의 가치는 돈으로 바꿔 셈할 수 없다. 돈을 포기하더라도 노동조합을 지키고 신념을 버리지 않는 사람들이 나오는 것은 그래서다. 독립한 인간으로서 찾은 자기 존재의 의미, 자존감을 다시 버릴 수 없기 때문이다.

사람이면 누구나 '인간으로서 존엄'을 보장받을 수 있게 하고 '주권자로서 힘'을 발휘하게 하려는 진보정치의 궁극적 지향은, 그 과정을 시작하면서부터 이루어져간다. 자존감 회복을 위해 중요한 것, 결과보다 과정이다. 자기 목소리를 잃었던 노동자 농민 서민들이 그 과정을 밟아 자존감을 회복하고 힘을 갖게 하려는 것이 진보정치다. 그래서 진보정치가 필요하다.

진보정치가 '사람으로서 자존감'을 키우게 하는 존재 가치를 인정받는 것은, 어쩌면 그리 어렵지 않은 일인지도 모른다. 진보정치가 만나는 사람들을 독립된 인격체로서 인정하고 존중하며 대우하는 태도에서부터 진보정치의 궁극적 지향이 확인될 것이기 때문이다.

진보정치가 국민들을 대하는 모습에서 소홀했던 점은 없었을까. 노동자 농민 서민들을 한 사람 한 사람 인정하고 존중하며 대우하는 태도를 잃은 적은 없었을까. 대한민국 모든 권력의 원천인 '주권자'로 보기보다, 진보정당에 한 표를 행사해줄 '유권자'로 본 것은 아니었을까. 우리 국민들은 지금까지 어느 정치세력으로부터도 제대로 사람대접 받은 적이 없었다. 선거를 앞두고는 절을 받아도 선거만 끝나면 무시당하기 일쑤였다. 정치인들은 선거만 끝나면 목이 뻣뻣해지고 오만해졌다. 진보정치세력이 진정으로 다른 모습을 꾸준히 보여왔다면 이를 알아보지 못할 국민들이 아니다. 그렇다면 이제 진보정치가 스스로를 냉엄하게 돌아보아야 할 때다.

진보정치가 제 욕심 차리고 부정부패 서슴지 않는 보수정치와 동일시될 것이 아님은 분명하다. 그러나 국민들의 존재를 인정하고 존중하는 데 진정으로 충실했던가, 부끄러운 대목이 많다. 먼저 알게 된 것을 알리고 함께하자고 독려하는 데 급급했다. 상대가 왜 나와 다른 생각을 갖게 되었는지 이해하려고 애쓰기보다는, 당장 그를 설득해 바꿔놓아야 한다는 강박관념이 컸다. 자신을 꺼리는 사람들의 느낌이 왜 생겨났는지, 혹시 자신의 말이나 행동이 영향을 준 것은 없는지 깊이 헤아리는 일은 제대로 해보지 못했다. 사람들의 생각을 두루 들어보고 눈을 마주쳐 대화하는 여유를 갖기보다 일 도와달라고 요청하기에 바빴다. 사람들의 조언을 제대로 얻으려면 자신의 속내를 고민스럽고 힘든 것까지 털어놓아야 하는데, 진보정치세력이 흔들리면 안 되니까, 강한 존재로 보여야 하니까, 말문을 닫았다. "저 사람 참 끈질겨, 대단해." 말은 들을 수 있어도, "나를 이해해주고 존중하는 사람"으로 신뢰를 얻기에 부족했던 점은 없었을까.

그래도 지역에서 주민들 옆에서 진보정치를 위해 애써온 사람 각자는 다른 사람을 이해하고 존중하고 대우하려 노력하는 모습을 잃지 않은 경우가 많다. 하지만 진보정치의 중요 직책을 맡아온 사람들은 많은 국민들에게 이해와 존중의 모습을 보이고 대화하는 것에 게을렀다. 경직된 진보정당, 편협한 진보정치인이라는 인상이 굳어진 데에는 국민들이 이들 유명한 진보정치인으로부터 인정받고 존중받기보다 자신의 생각을 관철시키는 데 바쁜 모습을 보았기 때문은 아닐까.

진보정치의 궁극적 지향에 대해 공감을 키워내려면, 진보정당과 그 구성원들이 그 가치를 자신의 말과 행동으로 실행하는 조직과 사람으로 변화해야 한다. 물론 많은 시간이 걸릴 것이다. 궁극적 지향에 대한 공감, 존재 가치의 인정, 집단과 사람에 대한 신뢰는 한순간에 만들어지지 않기 때문이다. 하지만 이것이 진보정치가 국민들 속에 새로운 시대의 동행으로 자리잡는 가장 빠른 길일 수도 있다.

근본적 입장을 지켜야

: '정치적 현실주의'

2012년 통합진보당이 비례경선 부정논란과 종북 공격에 휩싸이자, 당직과 공직에 있던 사람들 중 상당수가 진보정치의 방향 전환을 말했다. 정치는 현실을 바꾸겠다는 것이고 그렇다면 진보정치도 다수 국민들이 가진 생각에서 출발해야 하는데, 진보정치는 이와 동떨어져 낡은 이념을 고수하거나 자신들만의 원칙을 고집해 국민들로부터 외면당하고 현실 정치에서 힘을 갖지 못했다는 것이다. 운동권 정당에 대한 국민들의 거부감과 안보 불안을 해소하는 진보정치가 필요하다는 주장이다. 이들은 또 다른 진보정당을 만들거나 다른 야당으로 자리를 옮겼다. 이 주장을 별다른 가치 평가 없이 요약하면 '정치적 현실주의'라 부를 수 있겠다.

정치적 현실주의는 진보정치의 영토를 넓히려는 의도에서 출발했다. 그러나 결과는 수구세력의 자기장 확대로 나타났다. 정치적 현실주의에 기반해 '건전하고 합리적인 진보정치'로 자리 잡기 위해 국민들의 거부감과 불안을 받아들이는 과정에서 원했든 원치 않았든 수구세력의 인식을 흡수했기 때문이다.

수구세력은 1894년 갑오농민전쟁으로부터 식민 지배와 외세의 간섭, 남북 분단의 현대사 120년 동안 자신의 이익을 움켜쥐고 민중의 피땀을 짜낸 집단이다. 이를 위해 수구세력은 서구 부르주아 혁명 과정에서 형성된 자유주의조차 거부했다. 그들은 자유주의의 핵심인 정치적 다원성, 민주주의의 기초인 표현의 자유와 결사의 자유를 부인했다. 국가보안법과 내란음모죄가 그들이 수십 년 써온 핵심 무기였다. 통합진보당 해산으로 그들은 오랜 숙원을 이루었다. 그 활용 수단은 바로 대한민국 헌법이었다. 수구세력은 자신과 대립한 정당을 위헌정당으로 몰고 헌법 질서 확립 차원에서 처단해야 할 사람들로 단정했다. 대한민국에서 정치세력으로 현존하며 활동하려면 헌법의 틀 안에 있어야 한다는 논리였다. 정치적 현실주의는 이를 받아들여 "헌법 안의 진보"를 택했다.

'건전하고 합리적인 진보정치'는 '노동운동 밖의 노동자들'의 권리가 단 하나도 제대로 보장되지 않는 현실을 말해 여론과 시민들의 공감을 얻었다. 하지만 제시된 대안은 '고답적인 노동운동의 지배력에서 벗어난 합리적 진보정치'에 투표하는 것뿐이었다. 정규직 조직 노동운동이 찾아주지 못한 비정규 미조직 불안정 노동자들의 권리를 비정규직 당사자들의 손으로 찾을 방법은 무엇일까. '합리적 진보정치'는 아직 그 방법을 실행해 현실로 만들어본 일이 없다.

해결 방법을 실행에 옮기지 않아도, 문제만 말해도 현상을 유지할 정도의 지지는 얻을 수 있는 것이 한국 정치다. 정치인이 한국 사회의 문제를 신랄하게 지적하면 언론에 자주 보도된다. 그 보도가 SNS를 통해 널리 홍보되면 지지자들이 만들어지고 박수가 쏟아진다. 문제를 해결할 사람으로 기대를 모은다. 거기까지다. 깊이 있는 정책을 내놓지 않아도, 그 정책을 현실로 만들 방법을 추진하지 않아도 정치인 각자는 명성을 지킬 수 있다. 그래서 결국 국민들의 상황은 바뀐 것이 없더라도. '합리적 진보정치'도 마찬가지였다.

'합리적 진보정치'는 세련된 정치 엘리트의 외형을 취해갔고, '정치적 현실주의'는 민중들과 분리되어 떠돌기 시작했다. 민주주의를 퇴행시키는 정권에 맞선 강력하고 일관된 정치적 반대자가 되는 것조차, '건전한 진보정치'의 길에서 보면 이미 그리 바람직한 것이 아니다. 민중들은 아예 현실성을 좇아 기성의 보수 야당들에 의지하거나, 지금은 쉽게 눈에 띄지 않는 마음 붙일 만한 진보정치를 찾는다.

: 근본적이어야 현실을 바꿀 수 있다

민주노동당 창당부터 17년, 진보정치는 희망과 절망의 양극단을 오갔다. 변혁을 외치는 입장으로부터 정치적 현실주의까지, 여러 입장들이 앞다투어 진보정치의 방향을 말했다. 2016년 촛불혁명과 국민들의 주권자 선언 이후, 앞으로 어떤 진보정치가 필요한가. 답은, 민중의 힘을 키워 한국 사회를 뿌리부터 바꿔내려는 근본적 입장을 견지한 진보정치다.

특정 이념을 따라 이를 문자 그대로 고수하려는 근본주의를 하자는 것이 아니다. 그 이념에 기초한 체제 전환의 경험을 수입해 모방하자는 것도 아니다. 이미 1980~90년대 많은 지식인과 운동권 인사들이 여러 이념을 탐색하고 혁명을 공부했다. 하지만 그 어느 기성의 고정된 이념도 다른 나라 혁명의 경험도 한국 사회에 정확히 들어맞는 것이 될 수 없었다. 결국 남은 것은 '사람답게 사는 세상'을 향한 염원, '노동자 민중이 나서야 세상을 바꿀 수 있다'는 교훈이었다. 근본적 입장을 견지하자는 것은, 바로 이 교훈과 염원을 잊지 말자는 것이다.

근본적 입장을 지키는 것은, 민중들에게 '목소리'를 찾아주는 데서부터 출발한다. '건전한 진보정치'가 여의도 정치의 세련된 일원이 되기 위해 여론의 공격을 받을 만한 주장은 덜어내고 안정된 국정운영에 애쓰는 동안, 노동자 농민 서민들은 목소리를 내지 못했다. 어렵게 꺼낸 말도 한국 사회는 제대로 듣지 않았다. 민중들에게 '목소리'를 찾아주고 그 말을 한국 사회가 제대로 듣게 하는 것이 근본적 입장을 견지한 진보정치가 가장 먼저 해야 할 일이다.

근본적 입장을 견지한다는 것은, 인간으로도 주권자로도 인정받고 존중받지 못했던 민중 스스로 자신의 삶을 바꿀 무기를 갖기까지 과정을 진보정치가 함께 책임지는 것이다.

근대사회는 '대등한 무기를 가진 인간들의 자유로운 경쟁'이라는 전제 위에 만들어졌다. 모든 국민이 주권자이고 모두가 평등하다는 헌법 조문대로라면, 재벌도 노동자도 자신의 삶을 바꿀 무기를 다 같이 손에 들고 있어야 마땅하다. 하지만 현실은 그렇지 못하다. 권력자들과 재벌들은 헌법 위에 서서 자신의 이익을 위해 법률도 손바닥 뒤집듯 쉽게 바꾸지만, 간접고용과 특수고용으로 내몰린 노동자들은 근로기준법상 권리조차 행사하지 못하고 이에 항의하면 형사처벌과 손해배상청구에 직면한다.

하지만 간접고용 특수고용 노동자들에게 헌법의 노동3권이 완전히 보장되면 이들은 당연히 자신들의 힘으로 근로기준법의 권리를 누릴 터이다. 근로기준법의 보호 범위를 넓히고, 보호 수준을 높이는 것도 이들의 손으로 직접 해낼 것이다. 맨주먹뿐이었던 민중들에게 자신의 삶을 바꿀 무기를 쥐여주어야 한다.

자신의 삶을 바꾸는 존재는 자기 자신이어야 하고, 누구도 대신 바꿔줄 수 없으며, 스스로 바꿔나가야만 옳은 방향으로 확실히 바꿔낼 수 있기 때문이다. 이것이 한국 사회를 뿌리부터 바꾸는 가장 빠른 방법이다.

근본적 입장을 지킨다는 것은 사람을 극단적 경쟁의 벼랑 끝으로 내몰아 인간성을 파괴하고 사회를 약육강식의 정글로 만드는 법과 제도의 근본을 바꾸는 것을 뜻한다. 극단적 양극화를 낳은 현재의 비인간적인 법과 제도의 틀에 갇혀 약간의 경제적 이익을 가져다주거나 소소한 것 몇 가지를 고치는 것만으로는 현실을 바꿀 수 없기 때문이다.

과연 무엇이 근본적 입장을 견지한 진보정치일까. 2016년 5월 28일, 서울 지하철 2호선 구의역에서 승강장 안전문 센서를 수리하던 열아홉 살 김 군이 달려오는 전동차에 부딪혀 목숨을 잃었다. 서울메트로는 사고 원인을 김 군의 과실로 돌리려 했다. 하지만 김 군의 죽음을 슬퍼하는 청년들이 구의역에 모여 "외주와 하청으로 끊임없이 인건비를 줄이려 한 서울메트로가 청년노동자를 죽음으로 몰고 간 것"이라고 항의했다. 서울메트로는 3일 만에 김 군의 잘못이 아니라 관리와 시스템의 문제라며 사과문을 발표했다. 하지만 서울메트로가 내놓은 재발방지대책은 '승강기 안전문 정비 시 2인 1조 작업, 관리감독 강화'와 '3개월 후 자회사 설립을 통해 직영에 준하는 수준으로 안전업무 책임성·전문성 제고', '승강기 안전문 관제시스템 구축 등 시설개선으로 안전한 작업환경 확보'가 전부였다. 늘 그런 정도 대책으로 끝난 일이었다. 2013년 성수역에서 김 군처럼 스크린도어를 수리하던 하청노동자가 열차에 치여 사망하자 서울메트로는 '정비 시 2인 1조 작업하겠다'는 대책을 발표했지만, 2015년 또 다시 강남역에서 같은 사고가 일어났지만, 바뀐 것은 없었다.

그러나 2016년 구의역에 모인 청년들은 달랐다. 비정규직을 만들어낸 구조의 근본 문제를 지적하며 항의를 이어갔다. 그 뒤에야 6월 7일 박원순 서울시장이 "안전업무 직영 전환을 포함하여 원점에서 검토하겠다"는 입장을 표명했고, 6월 16일 안전업무 직영 전환 방침 발표로 사건은 일단락되었다.

청년들이 구의역 사고의 근본 문제가 외주화로 인한 비정규직 문제에 있음을 사건 직후부터 적극 제기하지 않았다면, 이 사건은 이전처럼 비정규직 문제는 외면한 서울메트로의 재발방지대책 수준에서 끝났을지도 모른다. 야당들의 관심도 보통 거기까지다. 하지만 구의역 사고에서는 청년들이 진보정당과 함께 문제를 근본에서 접근하고 제기한 것이 큰 반향을 일으켰다. 진상조사 결과 당초 서울메트로가 이명박 정부 시절 강행된 '공공기관 선진화 방안'에 따라 승강장 안전문 유지관리업무를 외주화'한 것이 이 사고의 발단이었다는 점도 드러났다. 안전업무에서나마 직접고용으로 전환하겠다는 발표도 이뤄졌다.

진보정치가 해야 할 근본적 접근의 단초가 여기 있다. 김 군이 사고를 당한 구의역 9-4 승강장 앞에 모인 청년들은 젊은 하청노동자가 최소한의 인간다운 대우도 받지 못하는 현실을 청년 비정규직 자신의 말로 국민들에게 전했다. 스크린도어 앞에는 점심도 거르고 컵라면 한 사발 먹을 시간조차 갖지 못한 김 군의 노동의 하루하루를 기억하는 컵라면이 놓였다. 그렇게 일하고도 모든 잘못을 다 뒤집어써야 했던 김 군을 향해 "너의 잘못이 아니야" 포스트잇이 붙었다. 김 군은 '목소리'를 찾았다. 김 군과 같이 일한 친구들과 동료들도 비정규직으로 겪었던 현실을 말하기 시작했다. 언론은 구의역에 모인 청년들이 살려낸 김 군과 동료들의 목소리를 실어 날랐다. 서울시도 반응하지 않을 수 없었다.

구의역에 모인 청년들은 안전업무만이라도 직영 전환하겠다는

1   구의역 사고 진상규명위원회, 『구의역 사고 조사보고서』(2016년 7월 28일), 147쪽.

서울시장의 대책이 나올 때까지 멈추지 않았다. 이 청년들은 한국 사회의 가장 심각한 현안인 비정규직 문제를 그 일부나마 근본에서부터 바꿔냈다. 말하지 못했던 노동자들에게 목소리를 찾아주고, 그들의 말을 세상이 듣게 하고, 하청노동자 직접고용이라는 근본적 해결 입장까지 끌어냈다.

문제가 모두 해결된 것은 아니다. 서울메트로는 안전업무를 직접고용으로 전환하고도 별도 직군으로 묶어놓았다. 노동조건도 크게 개선되지 못했고, 완전한 정규직 전환까지 넘어야 할 산도 남아 있다. 그러나 진짜 사용자를 상대로 노동3권을 행사할 가능성을 갖게 된 김 군의 동료들은 이제 자신의 삶을 바꿀 무기를 하나 쥐게 된 셈이다.

기성의 진보정치가 비정규직 문제 해결을 위해 해온 것이 무엇인지 부끄러울 때가 많다. 비정규직 노동자들이 수없이 쫓겨나고 죽어가는데 진보정당이 한 사업장 문제라도 죽자 사자 매달려 해결해낸 적이 없다. "비정규직 철폐" 구호 말고 그 어떤 비정규직 정책도 법안도 진보정당이 사활을 걸고 추진해본 적이 없다. 야권 지방자치단체장들이 지방자치단체 일부 비정규직 노동자들을 직접고용 무기계약직으로 전환해 고용 유지와 약간의 노동조건 개선을 이룬 것 외에, 진보정당이 그로부터 한 발 더 나아간 차원의 대대적인 정규직 전환을 시도해보지도 못했다. 비정규직의 노동3권 보장도 진전이 없다. 2010년 비로소 복수노조 설립이 가능해졌지만 도리어 정규직 민주노조들이 사측 어용노조에 밀려 무너지는 길만 열어준 결과가 되어버린 것이 현실이다. 정규직 민주노조마저 파괴되는 상황에서 비정규직의 단결권도 더욱 위태로워질 수밖에 없다. 노동자 과반수의 동의 없이도 취업규칙이 노동자에게 불리하게 바뀔 수 있게 근로기준법이 개악되면, 해고의 대상일 뿐인 비정규직의 협상권은 더욱 약해질 것이다.

한번 비정규직은 영원한 비정규직이다. 비정규직은 사실상 노동3권이 없다. 그런데 비정규직 말고는 청년 일자리가 없다. 진보정치 17년이 지나도록 이 현실은 개선될 기미를 보이지 않는다. 진보정치의 능력 부족이다. 절실함도 떨어졌다. 이래서는 진보정치 존재 의미가 없다. 현수막에만 쓸 구호는 필요 없다. 현실을 바꿀 정책을 새롭게 벼리고 다듬어 내놓는 일을 더 미뤄서는 안 된다. 법안 내고 캠페인하는 데 그쳐서는 바뀔 것이 없다. 구의역에 모인 청년들만큼도 비정규직 노동자 문제에 달라붙어 끈질기게 싸우지 못하면 진보정당 명함을 내놓지 말아야 한다.

구의역에 모인 청년들이 김 군의 목소리를 통해 바꿀 수 있는 것은 서울메트로 한 곳의 안전업무에 한정된 직영 전환에 그

칠 수밖에 없었다. 진보정당이라면, 청년들이 도달한 곳에서 한 발 더 나아가야 하지 않을까. 공공기관에서는 아예 비정규 직을 쓰지 못하게 하자고 제안해볼 수 없나. 하청노동자가 직 영 전환되고도 별도 직군으로 묶여 차별당하지 않게 법을 바 꾸자고 해야 한다. 지금까지 이뤄낸 것보다 한 발 더 나아가서, 당사자들과 함께 싸우고, 당사자들의 손에 노동3권을 쥐여주 는 것까지를 해내야 진보정치가 제몫 하는 것이다. 이것이 근 본적 입장을 견지한 진보정치다.

근본적이어야만 현실적일 수 있다. 근본적 입장을 견지해야 진 보정치가 현실을 바꿀 수 있다. 근본적 입장에 있어야만 가장 무시받고 배제당하는 비정규직 노동자들의 처지에서 그들의 현실을 문제로 인식할 수 있다. 근본적 입장을 지켜야만 멈춰 서지 않고 포기하지 않고 비정규직 노동자들과 함께 끝까지 갈 수 있다. 근본적 입장에서 흔들리지 않아야만 비정규직 노 동자들에게 돈보다 더 중요한 노동3권을 쥐여주고 인간으로서 존엄을 찾게 할 수 있다. 가장 아래에서 보아야, 포기하지 말 아야 단 하나의 현실이라도 바꿀 수 있다. 민중에게 무기를 쥐 여주었는지가 현실을 바꿨는지 판단하는 기준이다.

현실성은 현실을 바꿔낼 때 확보되는 것이지, 합리적인 세력으 로 평가받는다고 하여 얻어지는 것이 아니다. 정치적 현실주의는 현실을 바꿔야 한다는 생각에서 출발했지만 합리적 진보세력으로 평가받으려는 욕구를 충족할 뿐 결국 현실을 바꾸지 못한다. 기성 정치권의 사고방식에 익숙해진 정치엘리트로서는 비정규직 노동자들의 처지에 자신을 온전히 가져다놓을 수 없다. 재벌과도 타협이 가능한 합리적 진보정치로서는 비정규직 노동자들과 끝까지 버틸 이유가 없다. 파업 조기 종결이 중요한 안정적 국정운영 파트너로서는 돈 받아내는 것보다 더 어려운 노동3권 인정 요구는 그리 현명하지 않은 일이다.

근본적 입장을 단단히 하기 위해서는 새로운 상상이 필요하다. 더 나은 세상을 만들고 싶다면, 머물지 말고 나아가야 한다. 우리가 함께 살아갈 수 있는 공간을 만들어내고 싶다면, 현실의 제도에 갇히지 말아야 한다. 미래를 향해 더 진보적인 생각을 키워나가야 한다. 고정관념에서 벗어나 법률을 바꾸고 헌법해석의 폭을 넓히고 세상을 바꿔야 한다. 진보정치가 고정관념의 벽을 거듭 두드려야 한다. 현실에 머물지 말고 다양한 시도를 끊임없이 감행해야 한다. 과거에 진보정치가 내놓았던 기준과 정책에서도 더 나아가야 한다. 17년 전의 정책으로 미래를 책임질 수는 없지 않은가.

진보적 상상력의 근거는 저항권

얼마 전 한 학생으로부터 '악법도 법이다'에 대해 어떻게 생각하느냐는 질문을 받았다. 예전 같으면 소크라테스와 관련되어 일컬어지는 일화에 불과하거나 간단히 논박할 수 있는 말로 여기고 답했겠지만, 그 질문을 받는 순간 머릿속에 여러 생각이 스쳐갔다. 현실 정치세력들은 흔히 이 '악법'에 가로막히기 때문이다. 단지 불편해서가 아니다. 현 체제를 크게 흔들려 하면 국민들이 불안감을 느끼고 그러면 많은 사람들의 지지를 얻을 수 없다고 판단하기 때문에, 만들어진 헌법과 법률 안에서 행동하려 하는 것이다. 이름 있는 정치인들이 대부분 자신을 안정 속에서 변화를 만들어낼 수 있는 사람이라고 자처하는 것도 같은 이유다.

더구나 한국 정치는 바로 2년 전, 헌법재판소의 통합진보당 해산결정을 만들어냈다. 냉전의 시대가 이미 오래전에 지난 21세기에 말이다. 진보정치의 상상력은 헌법의 틀 안에서만 가능한 것으로 제한되었다. 헌법 안의 진보는 '종북'으로 몰리지 않기 위해 분단의 역사 속에서 왜곡되어온 헌법해석을 수용하고 그 안에 사로잡히는 것을 감수하면서 생존을 택했다. '정치적 현실주의'의 선택이다. 그것이 유일한 길이었을까?

나는 그 학생에게 "악법을 바꿀 수 있는 것이 민주주의다."라고 답했다. 헌법과 법률은 민주주의 원칙에 따라 만들어지고 유지될 때만 정당성을 획득하기 때문이다. 헌법에 어긋나는 법률을, 민주주의를 침해하는 헌법을 바꿀 수 있어야 민주주의다. 민주주의는 낡은 제도의 틀을 깨는 혁명을 통해 얻어지고 성장한다. 헌법은 곧 혁명의 성과물이다.

헌법은 승리한 저항권 행사의 역사적 축적물이다. 크든 작든 민주주의 혁명을 거친 나라의 헌법은 모두 새로운 체제를 만들어 그 헌법을 성안해낸 저항권 행사의 정당함을 선언한다. 그럼으로써 그 헌법은 사회 구성원들의 저항권 행사는 어떤 명분으로도 어떤 수단으로도 억누를 수 없다는 역사의 진리를 재확인한다. 1789년 프랑스 혁명 정신을 선포한 '인간 및 시민의 권리선언' 제2조가 "모든 정치적 결사의 목적은 인간의 자연적이고 침해할 수 없는 권리를 보존하는 데 있다. 그 권리는 자유권, 재산권, 안전권, 그리고 압제에 대한 저항권이다."라고 하여 저항권을 국가의 존재를 그 전제로 하지 않는 국가 성립 이전의 '인간'의 권리로 이해하고 선언한 것과 같이, 저항권은 빼앗을 수도 없고 포기할 수도 없는 것이다.

저항권은 인간이 인간임을 부인하고 국민이 주권자임을 부정하는 권력을 무너뜨리고 인간성을 회복하며 주권자의 힘을 발휘하는 민중의 실력행사다. 저항권은 민주주의의 가장 응집된 분출형태다. 저항권은 그 헌법이 정당성을 획득하게 한 힘이며, 헌법은 저항권 행사로부터 형성되고 발전한다. 그리하여 헌법은 저항권의 축적물이며 혁명의 역사적 기록물이다.

이것은 바로 우리 자신의 역사적 경험이기도 하다. 1987년 6월 민주항쟁의 성과로 제5공화국을 무너뜨리고 개정된 대한민국 헌법은, 1960년 4월혁명에 대해 "불의에 항거한 4.19민주이념을 계승하고"라고 전문에 기재함으로써, 저항권을 헌법 성립과 발전의 중요한 계기이자 근거로 명시했다. 한국 사회는 아직 1987년 헌법이 담고 있는 저항권의 존재조차도 제대로 인정하지 못하고 민주주의와 평등, 다원성의 가치도 실현하지 못한 채 이명박 박근혜 집권 9년 동안 오히려 후퇴를 거듭하다가 2016년 촛불혁명으로 비로소 저항권의 의미를 되살려냈다.

주권자인 국민들이 뜻을 모아 헌법을 개정한다 해도, 민주주의의 원리만큼은 부정하거나 바꿀 수 없고, 저항권만큼은 포기할 수 없다. 그것은 근대 민주주의 혁명 이래 형성된 헌법의 핵심이기 때문이다. 그 어떤 주권자도 스스로 민주주의 원리를 부정하고 자신의 운명을 독재에 맡기는 것이 허용되어서는 안 되고, 저항권을 포기하고 낡은 헌법의 틀에 가두어진 채 그릇된 법률과 제도에 지배당하기를 선택하는 것도 인정될 수 없다.

그런데 현실에서 정치인들은 흔히 헌법과 법률의 틀 안에 갇혀 그 안에서 사고하는 데 익숙해져 있다. 불안과 혼돈을 야기하는 인물이 아니라 안정적 국정운영이 가능한 사람이라는 평을 듣기 위해서다. 이를 위해 정치인들이 포기하거나 희석시킨 것은 바로 헌법의 핵심, '저항권'과 '민주주의'다. 민주주의 열망의 응축된 분출형태인 저항권을 손상시키는 것은 민주주의 후퇴를 용인하는 것과 같기 때문이다. 박근혜 대통령 당선이 수구 집권세력이 국정원의 댓글공작 종북몰이로 만들어낸 것이면 당연히 무효다. 그렇지만 안정적으로 국정을 운영할 수 있다고 인정받고 싶은 정치인들은 '대선 무효'라고 말하기를 꺼렸다. 그들은 부정선거에 항의한 4.19 민주혁명의 '저항권'을 헌법에서 잘라내 어디에 숨겨두었나.

국가보안법이 위헌이고 반(反)통일악법이라 폐지되어야 할 것이면 진보정당의 당원이 국가보안법 위반으로 고초를 겪을 때 당이 함께 싸워야 맞다. 잘못된 법률의 피해자와 함께 싸우는 것은 저항권 행사의 첫 걸음이다. 이석기 의원 등에게 씌워진 내란음모죄가 박근혜 정권의 위기 탈출을 위한 조작극이라면 진보진영이 힘을 모아 맞서야 한다. 집권자의 민주주의 파괴에 저항하는 것이 저항권 아닌가. 그런데 '정치적 현실주의'는 이석기 의원의 언행은 국민 정서상 용납될 수 없다며 정권이 씌운 국가보안법 위반 및 내란음모사건 수사를 독려하는 체포동의안에 찬성했다. '정치적 현실주의'가 버린 것은 '종북 이념에서 벗어나지 못한 낡고 편협한 과거의 진보'가 아니라 바로 '저항권'과 '민주주의'다.

새로운 행동들은 현행법의 틀 안에서 합법과 불법으로 판단되고 허용되거나 금지된다. 새로운 생각과 말과 행동은 형사처벌과 행정규제를 비롯한 불이익에 직면하고, 사람들의 상상력은 이 현행법의 틀에 가로막힌다. 야간집회를 금지하는 '집회 및 시위에 관한 법률'(집시법) 조항이 그 단적인 예다. 이 조항은 2010년 7월 1일, 헌법재판소의 한정위헌결정으로 효력을 잃었다. 하지만 한정위헌결정이 나기 전까지는, 이 법 자체가 잘못이라는 시민의 항의는 집시법 집행에 나선 공권력을 막아서지 못했다. 야간집회를 열고 싶어도 '집회'라 하지 못하고 '문화제'라는 이름을 붙여야 했다. 그러나 헌법은 현행법의 틀을 뛰어넘은 가치판단을 가능하게 한다. 헌법에 의해 집시법이 위헌 무효가 되었다. 시민들은 이제 '야간집회'를 할 수 있게 되었다. 틀어막혔던 상상력에 숨통이 트였다.

악법도 바꿀 수 있다. 헌법을 가치판단의 기준으로 삼으면 가능하다. 헌법도 바꿀 수 있다. 헌법은 저항권 행사로 만들어진 것이기에, 저항권 자체를 부인하는 것만 아니라면, 주권자들은 저항권 행사를 통해 헌법도 바꿀 수 있다. 현재의 법률과 제도를 바꾸고 싶다면, 법률의 문구에도 헌법의 틀에도 갇힐 필요가 없다. 새로운 세상을 원한다면, 법률과 헌법을 뛰어넘어 상상할 수 있다. 상상을 현실로 만들 수 있는 저항권을 우리는 가지고 있기 때문이다.

하지만 2012년 이후 수구세력과 보수언론이 쏟아내는 종북몰이에 부딪히면서, 진보정치의 상상력도 메말라갔다. 흔히 '상상력'이라 하면 고루하고 반복적인 것이 아닌 '재기발랄하고 참신한 것'을 떠올린다. 그러나 상상력의 진정한 가치는 '기존 제도가 만든 틀과 한계를 뛰어넘는 혁명적인 것'에 있다. 기존의 헌법과 법률이 인정하지 않는 권리라도, 노동자 민중의 인간으로서 존엄을 확보하기 위해 필요한 것이라면 헌법과 법률을 바꿔 권리로 인정하게 하는 것, 기존 법률이 형벌로 금지하고 손해배상으로 가로막아온 행동이라도, 민중이 주권자로서 지위를 찾기 위한 것이라면 저항권의 행사로서 헌법과 법률의 틀을 넘어 합법으로 시인되게 하는 것, 이것이 진보정치에 필요한 상상력이다.

진보정치에 더 많은 상상력이 필요하다. 헌법과 법률의 틀에 갇힌 '정치적 현실주의'로 진보정치의 상상력을 스스로 제한할 것이 아니라, 헌법을 만들어낸 민주주의 원리에 입각해, 모든 국민이 사람으로 인정받고 존중받으며 주권자로서 힘을 행사할 길을 여는 상상력을 키워야 한다. 상상력의 근거를 어디에서 찾을 것인가. 무엇을 기초로 진보정책을 펼쳐갈 것인가. 헌법과 법률을 바꿔내는 저항권의 정신이 그 상상력의 근거다. 헌법과 법률은 국민의 저항권을 억제하는 도구가 아니라 헌법과 법률을 바꾸려는 국민들에게 민주주의의 보호막을 제공하는 수단이 되어야 한다. 대한민국 헌법은 진보정치를 말살하는 명분이 아니라 오히려 진보정치의 근본적 접근을 가능케 하는 상상력의 토대로서 작동되어야 한다.

진보적 상상력은 어디까지 가능한 것일까. 우리는 시대의 한계에 갇혀 있는 것은 아닐까. 이미 70년 전 대한민국 제헌헌법에서 우리 선조들이 만들고자 했던 사회를 21세기의 우리는 생각조차 하기 어렵다. 제헌헌법은 노동자 이익균점권을 보장했고, 공공성을 가진 기업을 국영 또는 공영으로 하는 원칙을 선언했다.[2] 제헌헌법의 공공기업 국공유 원칙은 1954년 이승만 정권의 사사오입 개헌 시 미국 원조에 적합하도록 자유시장경제체제 보장 조항들로 개정되었고 이익균점권도 박정희 쿠데타 이후 제정된 1962년 3공화국 헌법에서 삭제되었다. 하지만 이미 70년 전 모든 정치세력이 합의해 이 조항들을 대한민국의 근본 규범으로 삼았다는 사실은, 우리가 현재의 법률이든 헌법이든 그 어떤 틀에도 갇혀 진보적 상상력을 제한할 이유가 없음을 말해준다.

다른나라의 사례는 더 많은 상상력을 자극한다. 제헌헌법의 모법(母法)이 된 1919년 독일 바이마르 헌법은 노동 또는 자본을 투하하지 않고 생긴 토지의 가치 증가분은 공공을 위하여 이용된다고 명시하고 있었다.[3] 토지초과이득세에 위헌결정이 내려지고 토지공개념이 무산된 우리의 경험에 비추어보면 놀라운 시도다. 프랑스 헌법 제8조는 "모든 근로자는 자신의 대표를 통하여 근로조건의 집단적 결정과 기업의 경영에 참가한다."고 규정해, 대한민국 제헌헌법에서 기각당한 경영참여권을

◇◇◇◇◇◇◇

2 1948년 제헌헌법

제18조 ② 영리를 목적으로 하는 사기업에 있어서는 근로자는 법률이 정하는 바에 의하여 이익의 분배에 균점할 권리가 있다.

제85조 광물 기타 중요한 지하자원, 수산자원, 수력과 경제상 이용할 수 있는 자연력은 국유로 하되, 공공필요에 의하여 일정한 기간 그 개발 또는 이용을 특허하거나 또는 특허를 취소함은 법률의 정하는 바에 의하여 행한다.

제87조 중요한 운수, 통신, 금융, 보험, 전기, 수리, 수도, 가스 및 공공성을 가진 기업은 국영 또는 공영으로 한다. 공공 필요에 의하여 사영을 특허하거나 또는 특허를 취소함은 법률의 정하는 바에 의하여 행한다. 대외무역은 국가의 통제하에 둔다.

제88조 국방상 또는 국민생활상 긴절한 필요에 의하여 사영기업을 국유 또는 공유로 이전하거나 또는 그 경영을 통제, 관리함은 법률이 정하는 바에 의하여 행한다.

3 1919년 독일 바이마르 헌법

제155조 토지를 경작하고 이를 충분히 이용하는 것은 토지소유자의 공공에 대한 의무이다. 노동 또는 자본을 투하하지 않고 생긴 토지의 가치증가분은 공공을 위하여 이용된다. (황태희, 「대한민국 헌법상 경제질서 : 제헌헌법과의 관계를 중심으로」, 『법학연구』제10권, 서울대법학연구소, 2004에서 인용.)

보장한다. 우리에게도 이런 규정이 있다면 정리해고로 노동자들이 고통받을 이유가 없을 것이다.

국민들에게 인간으로서 존엄과 주권자의 지위를 보장하는 것이라면, 그 무엇이든 상상해볼 수 있어야 한다. 산업재해가 일어날 위험이 있다고 의심된다면, 긴급하고 중대한 위험이 아니더라도, 정규직이든 하청이든 일용 노동자든 누구든, 어떤 불이익도 받지 않고 그 작업을 중지하고 사용자에게 긴급 안전점검을 요구할 수 있어야 하지 않나. 헌법이 인정한 '생명권'에는 위험한 작업으로부터 자신을 보호할 권리가 포함되어 있는 것 아닌가. 이것을 '작업중지권'으로 명시하여 인정하면 어떨까.

알바일에 나선 청소년이 내신성적을 위해 기말시험 공부한다고 일주일 쉬게 해달라고 하면 아마 일자리를 잃겠지. 그러나 청소년 노동자에게 교육받을 권리와 노동할 권리가 다 함께 보장되려면 진학이나 취업을 위해 시험공부에 필요한 일정 시간은 노동 대신 학습에 쓸 권리도 인정되어야 하지 않을까. '유급 학습 휴가의 권리'를 청소년 노동자에게 인정할 수는 없을까.

내가 살아온 곳에 전쟁 시 공격 목표가 될 위험이 큰 군사기지가 들어서는 것을 막을 수 있는 권리는 없을까. 탄핵소추된 박근혜가 미국의 이익을 위해 사드 배치를 강행해 전쟁 위험을 높이는데 내가 그 행위를 막고 전쟁 걱정 없이 평화롭게 살 수는 없을까. 그것을 '평화롭게 살 권리'로 인정할 수는 없을까. 어떤 틀에도 갇히지 않고 끊임없이 진보적 상상력을 키우는 것, 진보정치에 필요한 것이기 전에 진보정치의 의무다.

새로운 세대, 새로운 인물이 나와야

2011년 일본에 갔다가 한 야당 행사에서 대다수가 60대인 것을 보고 상당히 놀랐던 기억이 있다. 1960년대에 학생운동에 뛰어들었던 세대가 세월이 지나고 나이가 들어도 뜻을 지켜가는 것은 존경스러운 일이지만, 문제는 젊은 세대가 없다는 것이었다. 이어갈 사람이 없을 뿐만 아니라 무엇보다 새로운 기운을 불어넣을 사람이 없는 셈이다. 이래서는 안 되겠구나 충격을 받았다.

한국의 진보정당도 2000년 출발할 때는 그 주요 구성원들이 30~40대였다. 그들이 이제 50대가 되었다. 그런데 여전히 그들이 진보정치의 주력이다. 진보정치의 구호도 정책도 17년 전과 크게 다르지 않다. 그때의 갈등도 그대로, 오히려 시간이 지나면서 더 심해지는 경우도 있다. 진보정치는 이미 정체하고 있었던 것은 아닐까.

아무리 진보적인 생각을 가지고 있는 사람도, 세월이 지나면 감성은 무뎌지고 생활방식도 완고해지기 마련이다. 새로운 세대의 느낌과 사고방식이 점점 낯설어진다. 그들이 처한 환경을 그들과 함께 보면서도 내가 경험했던 것과 차이만 크게 보일 뿐 그 환경에 어떻게 대처해야 할지 고민스럽다. 그들의 대응방식에 대해 이해의 폭도 좁아질 수밖에 없다. 하지만 그럴수록 차이를 인정하고 새로운 세대의 느낌과 사고방식, 대응을 존중하고 받아들여야 한다.

세상은 이미 바뀌고 있다. 촛불혁명을 경험한 청년들은 이제 자신을 벼랑 끝으로 내모는 현실을 그대로 놓아두지는 않을 것이다. 이들과 새로운 대지를 개척할 사람들은 진보정치의 주력이었던 기성세대가 아니라 청년들이다. 자기 세대와 만나서 자신들의 문제를 풀어내기 위해 과감한 시도를 감행하는 청년들이 필요하다. 기성세대의 시대는 가고 청년들의 시대가 온다. 청년들은 진보정치의 기성세대가 해오던 것과 다른 일, 기성세대가 하지 못하던 일을 해야 한다. 구의역 사고로 사망한 김 군의 동료들이 직접고용될 수 있게 바꿔낸 것은 청년들이 나섰기에 가능했던 일이다. 기성세대가 정규직 노동조합을 지키고 중장년 비정규직의 노동조합을 만들기 위해 애썼다면, 청년들은 수많은 젊은 비정규직들, 청년 알바들의 문제를 해결해 나가야 한다.

기성세대가 오래 묵은 갈등과 불화에 갇혀 진보정치의 연대도 통합도 해내지 못하고 있다면, 청년들이 선배들의 한계를 넘어 자신들에게 필요한 연대와 통합을 추진할 수 있어야 한다. 청년 세대의 문제를 책임질 만한 진보정치의 큰 틀을 만들고 선배들을 끌고 가야 한다. 몇 십 년 묵은 운동권의 낡은 유물 속에 청년들이 갇혀 있어야 할 이유가 없다.

진보정치의 기성세대가 해오던 일을 청년들에게 맡기는 것이어서는 안 된다. 진보운동의 오래된 갈등을 청년들에게까지 물려주는 것이어서는 더욱 안 된다. 청년들로 하여금 기성세대의 사고방식과 행동 방식을 따르게 해서도 안 된다. 청년들이 기성세대의 일을 이어받아 잘한다고 칭찬받아서는 곤란하다. 기성세대가 해온 일과는 다른 영역을 개척하는 새로운 세대의 용감한 도전이 진보정치 전체를 새롭게 성장시키고 낡은 관행과 갈등으로부터 벗어나게 할 것이다.

미래를 책임질 수 있는 진보인가, 그 기준은 새로운 세대가 끊임없이 기성세대를 뚫고 올라올 수 있는지에 달려 있다. 17년 전 진보정당이 처음 국민들 앞에 선보일 때 등장한 그 인물들만으로 진보정치를 계속 바꾸고 발전시켜나갈 수는 없다. 2016년 촛불혁명으로 열린 새로운 시대, 그 주인공이 될 새로운 세대의 새로운 인물이 진보정치를 이끌어 대표하게 될 날이 어서 오기를 바란다.

2장

근본적 접근 1 — 비정규직의 노동자선언

'노동자'로 인정받지 못하는 노동자, 비정규직

국제인권선언 기념일을 맞은 2015년 12월 10일, 민주사회를 위한 변호사모임은 2건의 판결을 지난 1년 동안의 최악의 판결로 선정했다. 하나는 2014년 12월 내려진 헌법재판소의 통합진보당 해산결정, 하나는 KTX 여승무원들이 한국철도공사의 노동자가 아니라는 2015년 2월 대법원 판결이다. 통합진보당 해산결정이 아직도 우리 사회가 분단의 올가미에 사로잡혀 있는 현실을 말하는 것이라면, KTX 여승무원 판결은 신자유주의가 한국 노동자들의 삶을 파괴한 현실을 극명하게 보여준다.

KTX 여승무원들은 2004년 KTX 운행이 시작되면서 "향후 정규직으로 전환된다"는 홍보 내용을 믿고 안정된 직장을 찾아 지원했다. 철도공사 직원이 나와서 채용 면접을 했다. 철도공사가 교육도 업무지시도 평가도 모두 도맡았고 인사권도 직접 행사했다. 하지만 형식상으로 여승무원들은 철도공사로부터 승무 서비스를 위탁받은 자회사 소속이었다. 여승무원들은 공사 직접고용을 계속 요청했다. 그러나 철도공사는 이를 회피하고 자회사를 바꿔가며 이적을 요구했다. 여승무원들이 이적을 거부하자 2006년 형식상 사용자인 철도유통은 이들을 모두 해고했다. 여승무원들은 2015년까지 9년 동안이나 철도공사의 직접고용 노동자임을 확인받기 위해 싸웠다.

1심과 2심은 여승무원들과 철도공사가 묵시적 근로계약 관계에 있다고 보고 이들에게 철도공사 노동자 지위를 인정했다. 근로계약서는 자회사인 철도유통과 썼지만 이 자회사는 철도공사의 노무대행기관에 지나지 않으니, 실질적 사용자는 철도공사라는 것이다. 여승무원들은 철도공사로 돌아갈 날만 기다렸을 것이다. 하지만 대법원은 2심 판결을 깨고 여승무원들이 철도공사 노동자가 아니라고 판단했다.[1] 여승무원들은 항소심 이후 철도공사로부터 4년 여 동안 받은 급여 8,640만 원을

◇◇◇◇◇◇◇

1   대법원 2015. 2. 26. 선고 2011다78316 판결.

돌려주어야 하는 상황에 처했다. 대법원 판결 이후 20일 만에, 서른다섯 살 여승무원이 세 살 아기를 남기고 아파트에서 몸을 던져 숨졌다. 자신의 복장과 메이크업까지 지시한 철도공사의 직원으로 인정받기 위해 9년을 싸웠지만 결국 거부당한 노동자, 아기에게 빚을 물려주어야 하는 것이 너무 미안했던 젊은 엄마의 마지막이었다.

21세기 대한민국, 땅을 딛고 살지 못하는 비정규직 노동자들이 너무 많다. 노동자임을 인정받기 위해 젊음을 다 바쳐 애쓰다 지친 비정규직 노동자는 한 발 내디딜 곳 없는 현실에 아파트에서 몸을 던진다. 그래도 한 번 더 싸워보려는 비정규직 노동자는 이 땅을 딛고 살기를 포기하고 하늘로 오른다. 땅 위에서 하는 말에는 누구도 귀 기울이지 않음을 알기 때문이다.

2012년 겨울에는 현대자동차 사내하청 노동자들이, 2015년 겨울에는 기아자동차 사내하청 노동자들이 고공에 올랐다. 파견법상 금지된 제조업 생산공정 불법 파견으로 야기된 차별을 뿌리 뽑기 위해 긴 싸움을 감당해온 이들이다. 현대차 사내하청 노동자 최병승 씨는 2011년 8년여 소송 끝에 원청인 현대차에 직접고용된 노동자로 보아야 한다는 판결을 얻어냈다. '진짜 사장'은 하청업체 대표가 아니라 현대차 정몽구 회장임을 인정받은 것이다. 하지만 현대차는 이 판결은 최병승 씨 한 사람에 대한 것일 뿐이라며 다른 사내하청 노동자들에 대한 직접고용 요구를 거부하고 버텼다. 최병승 씨가 철탑에 올라 사내하청 노동자 전원의 직접고용 정규직 전환을 요구했지만, 현대차는 꿈쩍도 하지 않았다. 결국 사내하청 노동자들은 일일이 현대차를 상대로 직접고용 노동자임을 인정받기 위한 소송을 내야 했다.

기아차 사내하청 노동자들도 마찬가지였다. 사측은 패소판결을 받고도 사내하청 노동자들을 직접고용으로 전환하지 않고 확정판결이 나올 때까지 하염없이 시간을 끈다. 결국 기아차 사내하청 노동자 최정명, 한규협 씨가 정몽구 회장의 판결 이행을 요구하며 1년이 넘게 국가인권위원회 옥상 광고탑에서 농성을 벌이기까지 했지만 아직도 직접고용은 이루어지지 않았다.

도리어 박근혜 정부는 2015년부터 '뿌리산업', 곧 제조업 생산공정 파견까지 합법화하는 파견법 개정을 적극 추진해왔다. '진짜 사장'들은 소송에서 연이어 지고 나니 아예 대통령을 앞세워 법을 바꿔 합법적으로 파견을 쓰겠다고 나선 것이다.

헌법은 사용자에게 종속된 처지에 있는 노동자들을 위하여 단결권, 단체교섭권, 단체행동권의 노동3권을 보장한다. 노동자들이 다수의 힘을 모아 사용자에 대항할 수 있도록 노동조합 결성을 보장하고, 노동조합이 노동조건 개선을 위해 사용자와 대등하게 교섭할 권리를 인정하며, 사용자에게 실질적인 압력을 가할 수 있도록 파업 등 위력의 행사를 합법으로 시인한 것이다. 사용자에게 종속된 처지에 있는 노동자가 사용자와 대등한 지위에 올라서는 유일한 방법이 노동3권 행사다.

주권자는 헌법을 통해 원칙적으로 모든 노동자에게 노동3권을 보장하고, 공무원과 주요방위산업 종사자에게만 일부 제한했다.[2] 헌법은 노동3권을 보장함에 있어 정규직과 비정규직을 가리지 않았고, 그 고용형태에 따라 차이를 두지 않았다. 주권자인 국민이 헌법을 통해 명한 대로 모든 비정규직 노동자에게도 노동3권이 완전하게 보장된다면, 비정규직 노동자도 자유롭고 쉽게 노동조합을 가질 수 있을 터이고, 자신의 노동조건을 바꿔줄 수 있는 사용자와 교섭하고 파업 등 단체행동을 통해 자신의 권리를 확보할 수 있을 것이다. 나아가 고용안정과 차

◇◇◇◇◇◇◇

2 헌법 제33조
① 근로자는 근로조건의 향상을 위하여 자주적인 단결권·단체교섭권·단체행동권을 가진다.
② 공무원인 근로자는 법률이 정하는 자에 한하여 단결권·단체교섭권·단체행동권을 가진다.
③ 법률이 정하는 주요방위산업체에 종사하는 근로자의 단체행동권은 법률이 정하는 바에 의하여 이를 제한하거나 인정하지 아니할 수 있다.

별철폐를 위해 고용형태를 바꿔나가는 것도 가능할 것이다.

하지만 현실은 이와 완전히 다르다. 비정규직에게는 노동3권이 인정된다고 하기도 어려울 정도다. 지금의 한국 사회에서는 정규직도 노동3권을 제한당하고 특히 파업 한 번 하면 사측이 경제적 손실을 입었다며 거액의 손해배상과 가압류를 청구해 단체행동권을 크게 위협받는 형편이지만, 비정규직은 노동3권을 아예 부정당하는 지경이다.

전체 노동자 1,962만 명 가운데 32.8%에 이르는 644만 비정규직 노동자[3]에게도 노동3권이 보장되었다면 2016년 현재 비정규직 임금이 정규직의 53.5%[4]에 불과하지는 않았을 것이다. 2004년 비정규직 임금이 정규직의 64%[5]였다. 노무현 정부가 비정규직 차별을 없애겠다며 추진한 '기간제 및 단시간 근로자 보호 등에 관한 법률'과 '파견근로자 보호 등에 관한 법률'이 2007

◇◇◇◇◇◇◇

3   한국노동연구원, 『2016 KLI 한국 비정규직 노동통계』(2016년 12월 30일), 5쪽. 단, 비정규직 노동자의 규모에 대해서는 추산방법에 따라 여러 다른 견해가 있다. 이 글에서는 통계청이 매년 8월 수행하는 '경제활동인구조사 근로형태별 부가조사' 결과를 한국노동연구원이 추계한 것에 따른다.

4   한국노동연구원, 위의 책, 33쪽.

5   한국노동연구원, 위의 책, 33쪽.

년 7월부터 시행되었지만, 정규직과 비정규직의 차이는 더 커진 것이다. 비정규직을 정규직의 절반에 불과한 임금에 묶어놓은 비결은 무엇인가. 바로, KTX 여승무원들처럼 계약의 외형과 법을 내세워 비정규직을 '노동자'에서 제외시키는 것이다. '노동자'가 아니라는 이유로 그들로부터 노동3권을 박탈하는 것이다.

비정규직 노동자에게는 단결권이 없다. 2016년 8월 현재 전체 노동자의 노동조합 조직률이 11.9%인데, 정규직 노동자의 노동조합 조직률은 16.5%지만 비정규직 노동자는 2.6%만이 노동조합에 가입해 있다.[6] 정규직 노동자들의 30.4%가 노동조합이 있는 사업체에서 근무하고 비정규직 노동자들의 16.1%가 노동조합이 있는 곳에서 근무[7]하는 것과 비교하면, 정규직에 비해 비정규직은 옆에 노조가 있어도 가입하지 못하는 경우가 훨씬 많은 현실이 드러난다. 다른 이유가 없다. 비정규직이 노조에 가입하면 해고와 불이익의 위험에 부딪히는 것을 눈으로 보기 때문이다. 특수고용 노동자들의 처지는 더 심각하다. 특수고용 노동자들의 노동조합 조직률은 아예 2012년부터 2016년까지 줄

◇◇◇◇◇◇◇

6   한국노동연구원, 위의 책, 54쪽.

7   한국노동연구원, 위의 책, 55쪽.

곧 0.0%[8]를 기록하고 있다. 단결권이 통째로 부정당한 셈이다.

비정규직 노동자에게는 실질적인 단체교섭권이 없다. 하청 사업주, 파견 사업주는 원청의 계약조건을 바꿀 수 없으니 방법이 없다고 말하고, 원청은 하청 사업주가 알아서 할 일이라고 미룬다. 그 피해는 모두 노동자의 비인간적 노동조건, 과중한 노동과 안전사고 위험으로 돌아온다.

현대차 사내하청 비정규직 노동자들은 최병승 씨의 승소판결을 받아들고도 현대차와 제대로 된 교섭 한번 해보지 못한 채 정규직 노조가 대신 말해주는 것에 기대야 했다. 현대차가 사내하청 비정규직들은 현대차 노동자가 아니라 하청업체 직원일 뿐이라며 비정규직 노조와 단체교섭을 거부했기 때문이다. 문제해결이 더뎌질 수밖에 없고 노동자들은 그만큼 더 지속되는 차별을 견뎌야 한다.

2013년 봄, 한 국립대 병원 청소 노동자들을 만났는데, 병원 소속이 아니라 용역업체 소속인 이분들은 나를 자신들의 휴게장소로 이끌었다. 대형 보일러가 돌아가고 먼지와 소음이 가득

<hr />

8   한국노동연구원, 『2016 KLI 한국 비정규직 노동통계』, 55쪽.

한 어두컴컴한 곳, 굵은 배관들 사이의 작은 공간 여기저기에 나이 지긋한 노동자들이 스티로폼과 종이박스를 깔고 누워 있었다. 그 큰 병원에 청소 노동자들을 위한 방 한 칸이 없어 이런 곳에 누워야 하나, 너무나 비참했다. 그런데 정작 당사자들이 이 문제를 바깥에 알리는 것을 주저하는 분위기였다. 알려 봐야 원청인 병원은 하청업체에 책임을 돌리고 하청업체는 노동자들에게 불이익을 가할 뿐 문제를 해결하려 하지 않음을 알기 때문이었으리라. 그분들이 걱정되어 나도 이 문제를 말할 수 없었다. 당사자들이 자신들의 목소리를 낼 수 있어야 진보정치도 말할 수 있고 국민들도 도울 수 있는데, 많은 비정규직 노동자들은 말조차 할 수 없는 상태에 처해 있다.

2016년 5월 구의역 승강장 안전문 센서를 수리하던 김 군이 전동차에 부딪혀 목숨을 잃었다. 서울메트로가 자회사 은성PSD㈜와 사이의 도급계약에 '장애발생 1시간 내 출동, 24시간 내 미수리 시 지연배상금 부과' 조항[9]을 넣은 것이 문제였다. 과업지시서에는 모든 작업을 2인 1조 이상의 인원이 하도록 되어 있지만, 이런 지연배상금 부과 조항은 1인 작업을 유도하는 조건으로 작동[10]했다. 게다가 서울메트로는 정작 승강기 안전문 유지

◇◇◇◇◇◇◇

9 구의역 사고 진상규명위원회, 『구의역 사고 조사보고서』(2016년 7월 28일), 159쪽.

보수 비용은 용역비로 계산해 지급하지도 않았다. 사전점검을 잘하면 유지 보수가 따로 필요 없다는 이유였다.[11] 김 군이 당한 사고는 서울메트로와 은성PSD㈜ 사이의 도급계약 자체로 이미 예고된 위험이었다.

하지만 사망한 김 군은 물론, 어느 하청노동자도 현실과 동떨어진 그 도급계약이 초래할 위험을 말할 수 없었다. 그저 그 조건 아래 컵라면 먹을 시간도 없이 혼자 안전문을 수리하느라 뛰어다녀야 했을 뿐이다. 그러니 2013년, 2015년에도 똑같은 사고가 일어났고 김 군의 사망까지 이어진 것이다. 김 군을 비롯한 하청노동자들의 노동조합이 자신들의 노동조건에 대해 서울메트로와 직접 교섭할 기회가 있었다면 어떠했을까. 2013년 첫 사고가 났을 때 이미 2인 1조 작업매뉴얼 만드는 대책으로는 사고를 막을 수 없다고 말하지 않았을까. 2인 1조 작업이 실질적으로 가능하도록 도급계약 자체를 바꿔야 한다고 요구하지 않았을까. 결국 노동자의 안전 보장을 위해서는 서울메트로의 직접고용과 적정 임금 보장만이 유일한 해결책이라고 요구하지 않았을까. 그러나 하청노동자들이 원청을 상대로

◇◇◇◇◇◇

10　　구의역 사고 진상규명위원회, 『구의역 사고 조사보고서』, 168쪽.

11　　구의역 사고 진상규명위원회, 위의 책, 159쪽.

직접 말할 방법은 완전히 막혀 있다. 자신의 노동조건을 사실상 결정하는 원하청 간 계약에 대해 어떤 말도 할 수 없는 것이 비정규직 노동자다. 비정규직 노동자들은 자신의 노동조건을 바꿀 수 있는 실효성 있는 단체교섭을 해볼 가능성조차 갖지 못한다.

비정규직 노동자에게는 단체행동권이 없다. 노동조합에 가입하기만 해도 계약기간만료통지 하나로 해고되는데 하물며 단체행동을 하고서 남아 있을 수 있을까. "너 때문에 도급계약 갱신 안 됐어." 이유 하나면 바로 해고다. 2013년 경남지역 대리운전노동조합 조합원들을 만났는데, 조합 간부들은 노동조합을 만들고 단체행동을 하고 나서 블랙리스트에 올라 어느 업체로부터도 일을 받지 못하는 상황에 처해 있었다. 블랙리스트는 부당노동행위로서 형사처벌 대상이다. 그러나 대리운전기사 등 개인사업자로 취급되는 특수고용 노동자들은 여전히 블랙리스트에 오른다. 노무관계의 외형이 사용자와 노동자 사이의 근로계약이 아니라 독립한 개인사업자와 계약으로 되어 있기 때문이다. 이렇게 비정규직 노동자에게는 노동3권이 없다.

더 나아가, 비정규직 노동자에게는 생명권도 없다. 죽지 않고 일할 권리가 비정규직 노동자에게는 보장되지 않는다. 위험한 일은 하청노동자, 일용노동자가 한다. 안전관리도 안 되고 안전

장비도 제대로 주어지지 않는다. 그 속에서 비정규직 노동자들이 계속 죽어나간다. 2013년 5월 여수 대림산업 폭발사고 당시 6명이 사망하고 10명이 다쳤다. 피해자 16명 가운데 작업을 감독하던 정규직 한 명만 빼고 모두 일용노동자였다.[12] 어디서든 죽고 다치는 사람은 비정규직이다.

산업안전보건법은 회사에 대해 정규직 직원이 아닌 일용노동자의 안전을 보호할 안전조치 의무를 지우지 않는다. 여수 대림산업 사건에서 회사는 산업안전보건법 위반혐의에 대해 유죄판결을 받았다. 사망한 6명과 큰 화상과 골절상을 입은 9명의 일용노동자들이 입은 사고를 예방하지 못했다는 이유가 아니었다. 정규직 1명이 뺨에 입은 화상을 회사가 예방하지 못했다는 이유였다.[13] 도급계약 시에도 하청노동자들의 안전에 대한 원청의 책임은 20개 경우에만 제한적으로만 부과되어왔다. 승강장 안전문 작업은 이에 속하지 않았다. 승강장 안전문 작업에 대해 원청에 산업재해 예방책임이 부과되기 시작한 것은 구의역 사고가 일어난 뒤 2017년 1월 2일에 이르러서다.[14]

◇◇◇◇◇◇

12　광주지방법원 순천지원 2013. 9. 30. 선고 2013고단954 판결.

13　대법원 2014. 5. 29. 선고 2014도3542 판결.

14　고용노동부, 2017년 1월 2일 자 보도자료, 「지하철 스크린도어 작업 도급 시 도

특수고용 노동자들에게는 산재보험마저 제대로 적용되지 않는다. 근로기준법상 '근로자'로 인정되면 산재보험료를 전액 사용자가 내지만, '근로자'로 인정받지 못하는 이들 특수고용 노동자들은 산재보험료의 절반을 자신이 부담해야 한다.[15] 그렇지 않아도 적은 수입에 불안정한 고용관계에 놓여 있는 특수고용 노동자들의 대다수가 산재보험료 부담이라도 덜기 위해 적용 제외를 신청한다.[16] 그 결과 이들은 산재보험의 보호에서 벗어나 있다.

비정규직 노동자도 헌법에 의해 생명권을 보호받는 국민이고

◇◇◇◇◇◇◇◇

급인에게 산재예방 책임 부과」. 고용노동부는 이날 산업안전보건법 시행규칙 제 30조 제4항을 개정해, 도급계약 시 원청이 산재예방 조치를 해야 할 산재 발생 위험 장소에 '철도차량이나 양중기(크레인) 등에 의한 충돌·협착 위험이 있는 장소'를 포함시켰다. 정부가 2016년 6월 28일 국회에 제출한 도급인의 산재예방 책임이 있는 장소를 수급인의 근로자가 작업하는 모든 작업 장소로 확대하는 내용의 산업안전보건법 개정안은 2017년 2월 10일 현재 아직 처리되지 않았다.

15 고용보험 및 산업재해보상보험의 보험료징수 등에 관한 법률 제49조의3(특수형 태근로종사자에 대한 특례) ② 제1항에 따른 산재보험료는 사업주와 특수형태 근로종사자가 각각 2분의 1씩 부담한다. 다만, 사용종속관계의 정도 등을 고려하여 대통령령으로 정하는 직종에 종사하는 특수형태근로종사자의 경우에는 사업주가 부담한다.

16 국가인권위원회, 2015년 1월 20일 "산재보험 적용범위 확대를 위한 제도개선 권고"에 따르면 2014년 8월 기준 보험설계사, 레미콘 기사, 학습지 교사, 골프장 캐디, 택배 기사, 퀵서비스 기사 6개 직종의 등록 종사자 435,186명 가운데 392,799명(90.26%)이 산재보험에서 적용 제외된 상태였다.

헌법상 노동3권의 보호를 받는 노동자다. 헌법은 비정규직 노동자라고 하여 노동3권의 보호 대상에서 제외한 적이 없고 보호 수준을 낮추지도 않았다. 비정규직이든 정규직이든 가릴 것 없이 노동자라면 모두 헌법에 따라 노동3권을 온전히 보호받아야 한다. 헌법은 비정규직 노동자의 생명권은 경시되어도 좋다는 암시를 그 어디에도 두지 않았다. 모든 국민의 생명권은 보호받아야 하고 모든 노동자가 안전하게 일할 수 있어야 한다.

그런데 헌법의 노동3권 보장을 구체화하는 수단인 근로기준법과 노동조합법, 기간제법, 파견법 등은 비정규직 노동자에게 노동3권을 보장하지 않는다. 헌법의 생명권 보호를 구체화하는 수단인 산업안전보건법, 산업재해보상보험법 등은 비정규직 노동자에게 안심할 만한 생명권 보호를 제공하지 않는다. 헌법은 근로기준법을 비롯한 제 법률보다 상위 규범이므로 개별 법 규정이 헌법의 적용 범위를 좁힐 수 없다. 하지만 실제로는 오히려 개별 법이 헌법 규정의 적용을 제한하고 있다. 그 결과, 한국 사회 비정규직 노동자들은 '노동자'로 인정받지도 못하고 노동3권도 행사하지 못하며 불평 한 마디 내뱉을 수 없게 위축되고 고립된 채 인간적 모멸을 견뎌야 하는 삶을 강요당하는 것이다.

헌법이 관철되도록 개별 법을 고쳐야 옳다. 현실의 불평등을 바로잡으려면 비정규직을 정규직보다 더 강력하게 보호해야 한다. 그것이 비정규직 노동자들에게 인간으로서 존엄과 가치를 회복하게 하는 길이다. 비정규직이 노동3권을 행사할 수 있게 보장해야 그들이 자신의 손에 스스로의 삶을 바꿀 무기를 쥐게 된다. 그래야 비로소 비정규직과 정규직의 차별이 줄어들기 시작하고 비정규직 철폐로 나아갈 수 있을 것이다.

노동법에 가로막힌 비정규직 노동자들의 시도

많은 비정규직 노동자들이 부당해고와 노동3권 제한, 생명권 침해에 대해 항의를 거듭해왔다. 몇 년이나 걸릴지 장담할 수 없지만 거리에 천막을 치고, 소송을 낸다. 철탑에 오르고 광고탑에 올라 원청의 책임을 요구하는 현수막 하나 걸고 폭염과 혹한의 계절을 견디며 세상의 관심이 쏠릴 날을 기다린다. 그 초인적인 노력들의 성과가 비정규직의 현실을 일부 개선하는 것으로 이어지기도 했다. 하지만 비정규직 노동자가 노동3권을 완전히 보장받지 못하는 지금, 그 개선의 성과마저도 무너뜨릴 큰 걸림돌들이 비정규직 노동자들 앞에 다시 생겨나 있다. 어

이없게도, 그 걸림돌은 바로 노동자를 보호하기 위해 만들어졌다는 근로기준법이고 노동조합법이며 기간제법, 파견법이다.

기간제 노동자들은 이미 오래전부터 계약기간만료통지 하나로 해고당해 버려지는 처지에서 벗어나기 위해 애써왔다. 그 노력의 결과로, 2009년 7월 1일부터는 기간제 계약이 유지된 지 2년이 지나면 무기계약으로 전환된 것으로 간주된다.

그러나 사용자는 이렇게 무기계약으로 전환된 노동자들을 완전한 정규직 노동자로 대우하지 않는다. 은행권이 창구 직원들을 무기계약직으로 전환해 정규직화한다고 했지만 정규직과는 다른 별도의 직군을 만드는 방식이었다. 기간제에서 무기계약으로 전환된 노동자들을 대상으로 별도 직군을 만들어 이들을 그 직군에 묶어둔다. 정규직과 임금체계도 다르고 승진도 없다. 사용자는 그 업무에 더 이상 정규직을 뽑지 않는다. 무기계약직이 되었지만 기간제일 때와 비교해 임금도 노동조건도 별달리 나아진 것이 없고, 다른 업무를 하는 정규직과 임금 차이도 너무 크다. 차별은 형식을 바꿔 계속된다.

오히려 현재 존재하는 많은 비정규직들은 기간제법과 파견법의 차별시정 절차를 이용하기조차 어려워지고 있다. 이 법들의 차별시정 절차는 '같은 사업장'에서 '같거나 유사한 일'을 하는 정규직과 비정규직 노동자를 차별대우하는 것만을 금지한다.[17] 차별시정 절차를 운영하는 노동위원회는, 사업장 내에 비교대상자가 실제로 존재해야만 불리한 처우의 시정을 구할 현실적인 권리가 발생한다고 판단한다.[18] 이를 피하기 위해 사용자는 정규직과 비정규직에게 아예 다른 일을 준다. 비교 대상인 정규직이 없어지는 셈이다. 사업장 내 동종 또는 유사 업무에 정규직이 아예 없으니 기간제법에 따른 차별시정 절차조차 밟을 수가 없다. 기간제법과 파견법이 비정규직을 차별시정 절차 밖으로 내쫓고 있는 것이다.

기간제, 파견 노동자보다 더 열악한 특수고용 노동자들도 그저 멈춰 서 있기만 하지는 않았다. 그러나 이들은 특수고용이라는 형식 때문에 노동3권 가운데 하나도 제대로 보장받을 수 없었다. 근로기준법과 노동조합법이 법상 '근로자'에게만 최저

◇◇◇◇◇◇◇

17 기간제 및 단시간근로자 보호 등에 관한 법률 제8조(차별적 처우의 금지) ① 사용자는 기간제근로자임을 이유로 당해 사업 또는 사업장에서 동종 또는 유사한 업무에 종사하는 기간의 정함이 없는 근로계약을 체결한 근로자에 비하여 차별적 처우를 하여서는 아니된다.

파견근로자보호 등에 관한 법률 제21조(차별적 처우의 금지 및 시정 등) ① 파견사업주와 사용사업주는 파견근로자임을 이유로 사용사업주의 사업 내의 동종 또는 유사한 업무를 수행하는 근로자에 비하여 파견근로자에게 차별적 처우를 하여서는 아니된다.

18 노동법실무연구회, 『근로기준법주해 I』(박영사, 2010), 390쪽.

노동조건을 보호하고 노동3권을 보장하기 때문이다. 특수고용 노동자들의 노동자로서 권리 보장은 바로 근로기준법과 노동 조합법에 가로막혀버렸다.

당초 특수고용 노동자들이 생겨난 것은 정규직 노동자들이 IMF 사태로 구조조정 차원에서 억지로 '사장님'이 되면서였 다. 화물차 기사들이 운수회사 명의로 등록된 화물차를 하나 씩 떠안아 '개인사업자'가 되었다. 화물차 값은 자신이 냈고 기 름값도 보험료도 카드 돌려막기하며 스스로 부담하지만 화물 차 영업허가는 회사 앞으로 나온 것이니 회사 차량으로 '지입' 해놓고 회사가 구해주는 일감 받아 일한다. 외형상으로는 개인 사업자로 취급되지만 실질로는 회사에 소속되어 일하는 셈이 니 고용된 노동자에 못지않게 사용자에게 경제적·조직적으로 종속되어 있다. 덤프트럭 기사들은 한 업체에 전속되지 않으면 일거리조차 구하기 어렵다. 다단계 하도급 구조 때문에 운임은 낮고 체불까지 흔하다. 건설현장에서는 건설사가 시키는 대로 일해야 하고, 안전을 위해 과적, 과속을 거부하면 쫓겨나기도 한다. 사실상 업체의 노무지휘에 따라야 하는 인적 종속관계 에 있는 것이다.

레미콘 기사, 택배 기사, 대리운전기사, 배달대행 알바, 보험모 집인, 골프장 캐디, 학습지 교사, 방송 작가 등 특수고용 노동자의 범위는 계속 늘어나고 있다. 하지만 이들은 개인사업자로 등록되어 근로기준법상 노동자로 인정받지도 못한다. 특수고용 노동자들은 자신들이 만든 노동조합을 노동조합법상 노동조합으로 인정받는 것도 쉽지 않다.

노무현 정부는 집권 첫해인 2003년부터 노사정위원회 등을 통해 특수고용 노동자들의 노동3권 인정과 처우 개선 문제를 다뤄오다가 2006년 10월 '특수형태근로종사자 보호대책'을 내놓았다. 노동계가 주장해온 '근로자' 개념 확대, 노동3권 보장 등 노동관계법을 통한 보호방안은 노사 간 견해차가 크다며 추후 논의로 미루는 대신, 처우 개선을 위해 공정거래법, 약관법 등 경제법적 접근방법을 채택했다.[19]

여전히 노동자임을 인정받지 못한 화물차 기사, 대리운전기사 등 특수고용 노동자들은 이 정부 대책에 따라 사업자라는 외형에 근거하여 공정거래위원회에 보호와 구제를 요청했다. 공

◇◇◇◇◇◇

19 그 구체적인 내용은, 특수형태근로자 불공정거래행위를 유형화하여 공정거래법 적용 대상을 명확히 하고, 약관의 규제에 관한 법률을 적극 적용하기 위해 노무제공에 관한 표준계약서를 심사·보급하여 불공정한 계약을 사전에 예방한다는 것이다. 계약서 미교부, 부당한 계약해지 등 보험설계사에 대한 불공정행위는 보험업법에 유형화하여 개선하고, 레미콘 차차 기사는 공정한 배차질서 확립, 거리별 출하시스템제 도입, 화물·덤프자차 기사는 명예과적단속요원제도 도입, 전용휴게소 확충 등 근무여건을 개선한다는 것이다.

정거래위원회는 표준계약서를 만들고 이를 지키라고 하지만, 공공기관에서도 이를 지키지 않는 경우가 허다했다. 공정거래위원회의 조치로 특수고용 노동자들의 처지가 확연하게 개선된 것을 찾아보기 어렵다.

그 본질적 이유는, 공정거래법은 '경제주체의 생존'을 보장하는 법이 아니라 '경쟁시장'을 유지하는 법이기 때문이다. 공정거래법은 국가가 독과점사업자 등의 시장지배력 남용행위나 불공정행위를 규제함으로써 공정한 경쟁이 이뤄지는 시장을 만들기 위한 법이지 특정 사업자를 보호하는 법이 아니다. 지속적 영업활동을 유지하는 것은 온전히 사업자 자신의 몫이지, 공정거래법이 그것까지 보장해주지는 않는다. 그럴 필요도 없고 그래서도 안 된다. '경쟁자'를 보호하는 법이 아니라 '경쟁'을 보호하는 법이라는 것이 공정거래법의 기본 관념이기 때문이다. 따라서 공정거래법의 수혜자는 '경쟁'만 보장되면 영업을 계속하고 살아남을 수 있는 사업자에 국한된다. 영업활동 지속 능력이 없는 사업자는 퇴출될 수밖에 없다. 공정거래법에서 이것은 극히 자연스러운 일이다.

하지만 노동자에게는 '경쟁시장'이 아니라 '생존 보장'이 필요하다. 이미 19세기에 노동법이 태동하면서 정립된 원칙이다. 노동하는 모든 사람에게 인간으로서 존엄과 인간다운 노동을 보장해야 한다는 헌법 원리에 기초해 생각해보자. 독립한 사업자로서 생산수단을 보유하고 위험을 부담하는 반면 노동의 대가 이상의 이익을 전유하고 생존을 스스로 책임질 수 있는 사람 또는 조직체를 대상으로 한 공정거래법으로 특수고용 노동자들의 생존을 온전히 보장할 수 있나? 특수고용 노동자들은 사실상 노무를 제공하기만 할 뿐 이익은 임금 수준에 머물고 위험부담능력과 독자적 생존능력을 갖고 있지 못한 사람들이 아닌가. 그렇다면 특수고용 노동자에게 필요한 것은 노동의 자유로운 판매를 가능하게 하는 공정한 경쟁을 위한 공정거래법의 상세한 규율이 아니라, 가진 것이라고는 노동력밖에 없어 노동을 판매하면서도 생존을 위협당하는 노동자의 인간다운 존엄을 보장하는 노동법의 적극적 적용이다.

그런데 특수고용 노동자들은 외형상 개인사업자라는 이유로 근로기준법이 아니라 '사장님' 소리를 들으며 하도급법을 적용받는다. 이들은 일한 대가를 현금이 아니라 어음으로 받는 경우가 많다. 그것도 일해주고 나서 60일이나 되어야 받는다. 하도급법이 도급 대가를 일의 완성 이후 60일 이내에 지급하도록 하기 때문이다. 어음을 은행에 가지고 가서 현금으로 바꾸려면 그로부터 또 몇 달이 지나야 한다. 결국 일을 해주고도 몇 달 지나야 제대로 대가를 받는 셈이다. 근로기준법이 임금을 최소한 월 1회 현금으로 지급하도록 강제하는 것과 천양지

차다.

노동법은 가진 것이라고는 자신의 노동력밖에 없고 의지할 것이라고는 자신과 같은 처지에 있는 사람들의 숫자밖에 없는 사람들에게 단결을 보장할 뿐만 아니라 단체행동을 합법적으로 할 수 있도록 보장한다. 특수고용 노동자들에게 필요한 것도 바로 단체행동권이다. 그러나 공정거래법은 중소사업자의 단체행동에 합법성을 부여해주지 않는다. 결국 특수고용 노동자들은 단체행동을 할 때마다 업무방해나 공갈죄로 무겁게 처벌되고 계약해지와 블랙리스트의 불이익을 받아왔다. 노동법의 적극적 적용과 노동3권 보장이 가장 시급한 사람들이 바로 특수고용 노동자들이다.

비정규직 노동자들이 만들어낸 성과를 지키고 비정규직 노동자들에게 완전한 노동3권을 보장해야 한다. 이것이 이들이 조금이나마 회복해온 자존감을 지키는 길이고, 이들의 손에 스스로 인간으로서 존엄을 지켜낼 무기를 쥐여주는 것이다.

특수고용 노동자들에 대해, 국제노동기구(ILO)는 2006년 제95차 총회에서 채택한 '고용관계권고'[20]에서 '사실 우선의 원칙'을 천명했다.[21] 당사자들의 의사에 관계없이, 실제 고용관계인지 판단해서 법률효과를 부여하라는 것이다.

'사실 우선의 원칙'의 기초에는 노동법은 강행법규라는 전제가 깔려 있다. 노동법은 노동자와 사용자 사이의 근로관계가 노동법이 정한 기준 이상의 것이 되도록 강제한다. 노동자와 사용자가 합의하더라도, 그 합의 내용이 노동법에 위반되면 합의를 무효로 해버리고 노동법이 정한 최저 기준에 따라 근로계약을 맺은 것으로 처리하는 것이다. 노동법은 노동자와 사용자 사이에 합치된 의사에 따르기보다 국가가 나서서 노동자를 보호할 필요가 더 크다는 인식에서 출발한 법이기 때문이다. 사용자의 뜻에 맡겨둘 경우 노동자는 생존조차 어려울 만큼 노동력

◇◇◇◇◇◇◇

20   R198 Employment Relationship Recommendation, 2006

21   고용관계권고 제9조 "고용관계에서 근로자를 보호하기 위한 국가정책을 위해 고용관계의 존부 결정은 당사자와 사이에 합의된 계약이나 다른 형태의 법적 형식에 불구하고 기본적으로 노동의 수행, 근로자의 보수와 관련한 사실에 의해야 한다." 번역문은 노동법실무연구회, 『근로기준법 주해 I』(박영사, 2010), 117쪽에서 인용.

을 무한히 빼앗겨 결국 사회 자체가 유지될 수 없을 지경에 이른다는 역사적 경험이 그 바탕에 있다. 그렇기에, 설령 사용자가 노동자에게 노동법의 적용을 배제하는 다른 관계를 맺기로 제안해 노동자가 이를 받아들인다 해도, 사실상 노동자가 사용자를 위해 자신의 노동력을 팔아 생존을 유지하는 이상, 국가는 그 사실을 당사자 간 합의보다 우선해 노동법을 적용해야 한다는 것이다. 이것이 '사실 우선의 원칙'이다.

'고용관계권고'는 회원국들에게 노동자와 사용자 관계로 인정할 기준, 즉 '종속성' 유무를 판단할 구체적 지표를 정할 것을 검토하게 하는데, 그 지표에는 노동자가 직접 노동을 수행해야 하는 경우, 오로지 또는 주로 타인의 이익을 위해 노동을 수행하는 경우, 노동자가 기업 조직에 통합되어 노동하는 경우 등을 포함하게 하고 있다.[22] '경제적 종속성', '조직적 종속성'을 중시하는 견해다. ILO는 또한, 이 기준에 따라 특수고용 노동자들의 처지가 '위장된 고용'임을 지적하고 위 원칙에 따라 이들에게도 노동법의 보호를 제공할 것을 권고하였다.

전통적 견해에서 노동자가 아니라고 노동법의 보호에서 배제

22   고용관계권고 12조, 13조. 노동법실무연구회, 『근로기준법주해 I』, 118쪽.

되어온 사람들에 대해, 영국은 '취업자(worker)'라는 이름으로, 캐나다는 '종속적 자영인'의 명칭으로, 독일과 이탈리아는 '유사 근로자'라는 이름으로 모두 노동3권을 인정하고 있다.[23] 프랑스 노동법은 직업 활동을 하는 자이면 누구에게나 노동3권을 인정한다. 자영업자는 물론, 외판원 등 특수고용 노동자도 당연히 노동3권을 행사할 수 있다.[24] 이런 접근에는 미치지 못하지만, 우리나라에서도 미약하게나마 산업재해보상보험법에서 특수고용 노동자에 대해 일정한 기준 아래 산재보험을 제공하는 변화가 시작되었다.

하지만 현재 우리 근로기준법과 노동조합법 해석과 판례는 노동자인지 아닌지를 '사용종속성'에 집중해 판단하고 있다. 다소 진전된 판례도, 노동조합법상 노동자성 인정은 확장하되 근로기준법상 노동자성 인정은 넓히지 않고 있다. 88컨트리클럽 골프장 캐디들에 대해 "근로기준법상의 근로자는 아니지만 노동조합법상의 근로자에는 해당된다."고 판결한 것이 대표적인 예다.[25] 노동법 학자들 다수의 견해도 다르지 않다.[26] 근로기준법은 구체적인 사용자와 노동자 사이의 개별적 노동관계

◇◇◇◇◇◇◇

23   노동법실무연구회, 위의 책, 123-124쪽.

24   노동법실무연구회, 『노동조합 및 노동관계조정법 주해 I』(박영사, 2015), 141쪽.

의 노동조건에 대해 국가가 직접 감독하고 보호할 필요가 있는 경우에 적용되는 반면 노동조합법은 노동조합 활동과 관련된 집단적 노동관계에서 단결권 보장의 필요가 있는 경우까지 적용하는 것인데, 특수고용 등은 단결권을 보장할 필요는 있지만 국가가 개별 근로조건을 감독하고 보호할 필요까지는 없다는 이유다. 이 빈틈 사이로 수많은 간접고용, 특수고용이 생겨나고 있다.

정규직보다 훨씬 불안한 상태에 놓여 더욱 종속적인 노동을 제공해야 하는 상황인 간접고용, 특수고용 노동자들의 근로조건에 대해 국가는 어떤 법적 감독과 보호도 제공하고 있지 않다. 그러나 근로기준법의 보호가 가장 시급한 사람들이 이들 간접고용과 특수고용 노동자들이고, 노동3권의 완전한 보장이

◇◇◇◇◇◇◇

25   대법원 2014. 2. 13. 선고 2011다78804 판결. 근로기준법상 '근로자' 개념과 노동조합법상 '근로자' 개념이 구분된다는 점을 명확히 한 판결로 평가된다.

26   노동조합법상 '근로자'의 범위를 근로기준법상 '근로자'보다 넓게 인정하는 견해의 근거는, ① 근로기준법 제2조 제1항 제1호는 "'근로자'란 직업의 종류와 관계없이 임금을 목적으로 사업이나 사업장에 근로를 제공하는 자를 말한다.", 노동조합 및 노동관계조정법 제2조 제1호는 "근로자라 함은 직업의 종류를 불문하고 임금, 급료 기타 이에 준하는 수입에 의하여 생활하는 자를 말한다."로 규정이 다소 다르다는 점, ② 근로기준법은 사용자와 개별 근로자 사이의 개별적 근로관계 규율을 대상으로 하는 것에 비해 노동조합법은 사용자 또는 사용자단체와 노동조합 또는 그 연합단체 사이의 집단적 근로관계 규율을 대상으로 한다는 점, ③ 해고자나 구직자 등 구체적인 사용자와 개별적 근로관계에 있지 않는 자라도 단결 활동의 필요성이 있다는 점 등이다.

가장 필요한 사람들도 이들이다.

근로기준법이 자신의 노동력 외에는 아무것도 가진 것이 없는 사람들의 인간다운 생존을 보장하는 법이라면, 노동자가 사용자를 위하여 자신의 노무를 제공함으로써 사용자가 그 이익을 취하고 있다면 계약형태가 어떻든 근로기준법상 노동자 수준의 보호는 받을 수 있어야 한다. 그래야 모든 국민이 헌법상 근로의 권리를 실질적으로 보장받게 된다. 사용자가 사업을 위해 만들어놓은 조직망의 일원으로 노무를 제공하고 있다면 사업주의 조직 운영방식의 변화가 있어야만 노무 제공의 조건이 개선될 수 있다. 그렇다면 이들에게도 사용자와 대등한 교섭을 위해 노동조합법이 제공하는 노동3권 보장이 이뤄져야 한다.

경제적·조직적 종속 상태에 있는지를 노동자인지 여부 판단의 중심으로 삼아야 한다. 다양한 비정규직, 간접고용, 특수고용 노동자들을 노동자로 인정하고 국가가 이들의 근로기준을 개선하는 데 나서게 해야 한다.

비정규직의 노동3권 보장과 정규직 전환 특별법

: 정규직의 양보가 아니라 비정규직의 노동3권 보장이 필요하다

비정규직의 노동3권 보장은 한국 사회 비정규직 문제를 근본에서 해결하기 위해 가장 중요한 문제. 비정규직의 노동3권을 완전히 보장해 비정규직 스스로 집단의 힘을 확보함으로써 자신의 근로조건을 바꾸고 인간으로서 존엄을 찾는 근본적인 접근 없이는, 이익 극대화를 추구하는 자본은 법망을 피해 끊임없이 새로운 비정규직을 만들어낸다.

비정규직 문제 해결을 위해 필요한 것은 정규직의 양보가 아니다. 비정규직 노동자를 계약형식에 관계없이 노동법상 노동자로 인정해 보호하고 헌법의 노동3권을 보장해야 비정규직 문제가 해결될 수 있다. 노조 조직률 2.6%에 불과한 비정규직 노동자가 정규직 노동자와 다름없이 노조를 만들고 노동자로서 권리를 행사할 수 있게 된다면, 비정규직 문제를 전체 노동자가 함께 해결할 수 있는 길이 열린다. 이 근본적인 접근이야말로 비정규직 문제 해결에 있어 진보정치의 상상력을 키워내는 토대다.

비정규직 노동자에게 노동3권을 온전히 보장하기 위해 가장 먼저 필요한 것은 첫째, 함부로 해고당하지 않게 하는 것이다. 몇 년 전 대전의 한 공공기관에서 청소용역 노동자들 사오십여 명을 만났다. 그런데 작업복이 한 종류가 아니고 몇 종류된다. 혹시 한 기관에 용역업체가 몇 군데 있나 싶어서 물어보니 그것이 아니라 해마다 용역업체가 바뀌어 작업복도 바뀌었기 때문이라고 한다. 위탁계약이 끝나고 새로운 업체가 들어설 때마다 고용승계를 요구하며 농성을 벌이고 시위를 해야 하는 것이 이분들의 현실이다. 노동조합을 만들었다는 이유로 위탁계약이 해지되고, 노동조합 간부라는 이유로, 고분고분하지 않다는 이유로 고용승계에서 제외되는 것이 비정규직 노동자들에게는 너무 흔히 일어나는 일이다.

2009년 8월, 쌍용차 정리해고를 막기 위해 3천여 명의 노동자들이 77일간 옥쇄파업을 벌였다. 경찰이 살인적 진압을 강행하면서 수많은 노동자들이 다쳤고 64명이 구속되었다. 경찰의 강경진압과 대규모 구속에 항의하는 기자회견을 위해 의원실을 찾은 노동자들 가운데 한 분이 이런 말을 했다. "정리해고를 당하고 보니 그제서야 알게 됐다. 비정규직 동료들이 정규직보다 더 일하고 먼저 잘려나갔더라." 2009년 5월 2,646명의 정리해고가 통보되기 전, 이미 2008년 11월 700여 명의 사내하청 노동자 가운데 절반이 희망퇴직이라는 이름으로 내쫓겨야 했다. 어디서나 마찬가지다. 정규직이 정리해고당하기 전에 비정규직부터 잘려나간다. 그렇지만 노동자들이 '정리해고'당했다고 목소리를 내고 세상이 주목하는 것은 정규직이 정리해고될 때부터다. 사내하청 비정규직은 침묵 속에서 흔적도 없이 밀려난다. 근로기준법상 일정 규모 이상 노동자를 정리해고하려면 사용자가 고용노동부 장관에게 신고해야 하지만, 비정규직은 그 규모에도 포함되지 않는다.

그렇기 때문에 근로기준법상 해고 제한 규정은 비정규직 노동자에게 더욱 필요하다. 정리해고에 대한 현행 근로기준법의 최소한의 보호만이라도 시급한 노동자들이 사내하청 노동자다. 특수고용 노동자야말로 근로기준법의 보호 필요성이 가장 높은 사람들이다. 그 계약형식 때문에 사실상 해고당할 가능성이 더 높다면, 근로기준법상 해고 제한 규정은 비정규직 노동자의 해고를 막는 방향으로 더 적극 적용되어야 한다. 비정규직 노동자도 함부로 해고당하지 않게 되어야 단결권도 실질적으로 행사할 수 있고 단체행동권도 현실의 권리가 된다.

함부로 해고당하지 않게 한다는 것은 하청업체 또는 파견업체와 사이에 해고되지 않게 하는 것을 의미하는 것이 아니다. '진짜 사장'과 관계에서 일자리를 잃지 않도록 하는 것이 진정한 해고로부터 보호다. 진짜 사장과 근로관계가 파기되어도 파견업체와 고용관계가 유지되게 하는 것을 파견노동자 보호대책으로 삼는 것은 아무런 효용이 없다. 노동자가 진짜 사장으로부터 일자리를 받을 수 없다면 파견업체도 언제까지나 고용관계를 이어가지는 않을 것이 분명하기 때문이다.

비정규직에 대한 부당해고를 막기 위해서는, 추상적 원칙을 선언하는 수준인 근로기준법상 부당해고 금지규정[27]에 더해 비정규직에게 벌어지는 부당해고 유형을 열거한 구체적인 법 규정이 필요하다. 노동자들을 해고할 사유가 없는데도 원청이 하청업체와 도급계약 또는 위탁 계약을 연장하지 않는 경우, 원청이 하청업체를 바꾸면서 고용승계 약정을 체결하지 않아 노동자들이 해고당하는 경우, 특수고용 노동자들에 대해 블랙리스트를 작성해 일을 맡을 수 없게 하는 경우 등 실제 벌어지는 부당해고 유형을 구체적으로 예시해 강력한 예방기능을 발휘하게 해야 한다.

두 번째로 필요한 것은 단결권 보장이다. 비정규직 노조가 만들어지는 경우 '진짜 사장'이 사업장 내 노조 활동을 보장하도

---

27 근로기준법 제23조(해고 등의 제한) ① 사용자는 근로자에게 정당한 이유 없이 해고, 휴직, 정직, 전직, 감봉, 그 밖의 징벌(이하 "부당해고 등"이라 한다)을 하지 못한다.

록 강제해야 한다. 정규직 노조에 대한 사무실 제공 및 근로
시간 면제 등과 동일한 수준으로 보장해야 노조에 대한 차별
적 처우에 해당하지 않을 것이다.

법률의 규정과 사용자의 인식 전환이 필요하지만, 무엇보다 먼
저 있어야 할 것은 노동조합 스스로가 비정규직 노동자들에
게 문을 여는 것이다. 사내하청과 파견, 특수고용, 실습생을 포
함해 그 기업에 경제적·조직적으로 종속되어 노무를 제공함
으로써 기업에 이익을 가져다주는 모든 사람을 조합원으로 받
아들일 수 있는 의지가 필요하다. 독일과 프랑스는 실습생까
지 모두 노동조합에 가입할 수 있게 열어놓고 있다. 노동자 스
스로 정규직과 비정규직의 차이를 넘어 하나가 되지 못하면서
사용자에게 차별철폐와 정규직 전환을 요구하는 것이 무슨 힘
이 있겠는가.

2016년 8월 현재 노조 가입자격이 있는 사람들 중 조합원 비
중을 보면, 가입자격이 있을 경우 비정규직의 55.8%가 노조에
가입한 것이 확인된다. 정규직의 67.0%가 가입한 것과 큰 차이
가 나지 않는다.[28] 비정규직 노동자의 단결권이 보장되지 못하

◇◇◇◇◇◇◇

28   한국노동연구원, 『2016 KLI 한국 비정규직 노동통계』, 57쪽.

는 것은 노조 규약으로 가입자격을 제한한 것과 관련되어 있다. 아직도 정규직 중심의 노조에 가입할 수 없어 비정규직 노조가 따로 존재하는 상황을 바꾸는 것은 정규직 노조가 나서서 감당해야 할 몫이다.

단결권이 보장되어야 비정규직 노동자의 처우도 개선된다. 한시적 계약이 반복 갱신되는 노동자들이 비정규직 가운데 임금과 기타 처우에서 가장 높은 수준을 보이는데, 이들의 노동조합 조직률은 2016년 8월 현재 9.2%로, 비정규직 노동자 전체의 노조 조직률 2.6%의 세 배를 훌쩍 넘는다.[29]

세 번째, 비정규직 노동자의 근로조건 향상과 관련된 사항이라면 이를 실질적으로 결정할 권한이 있는 사람과 단체교섭할 수 있게 해야 한다. 비정규직 노동자들이 만드는 조직에 '진짜 사장'과 교섭하고 단체행동할 수 있는 노동조합의 지위를 부여해야 비정규직 문제가 풀릴 수 있다. 비정규직 노동자들을 노동조합법상 노동자로 인정하지 않고 단결권을 부정하는 것이 문제를 더욱 심각하게 만든 원인이다. 가장 근본적인 해결방법도 여기에서부터 나온다. 사용사업주, 도급인, 프랜차이즈 본

29   한국노동연구원, 위의 책, 56쪽.

부를 포함해 노동자의 근로의 계속 및 근로조건 변경에 관련해 실질적 결정권을 보유하거나 주된 영향을 미치는 '진짜 사장'을 형식적 결정권을 보유한 자와 함께 공동 교섭의무자로 간주해야 한다. 사용사업주에게 파견사업주와 함께 사내하청 노조에 대한 교섭의무를 부과하고, 프랜차이즈 본부에 가맹점주들과 함께 프랜차이즈 가맹점 알바들의 노조에 대한 교섭의무를 부과하는 것이다.

네 번째, 비정규직 노동자의 단체행동권을 보장해야 한다. 사내하청 노동자들이 원청 '진짜 사장'을 상대로 단체행동하는 것, 원청 공장 안에서 일하는 사내하청 노동자들이 공장 안에서 파업 등 단체행동을 하는 것이 모두 합법적인 것으로 보장되어야 한다. 특히 화물연대 등 특수고용 노동자들로 구성된 단체의 행동을 노동조합법상 인정된 노동조합의 단체행동이 아니라는 이유로 업무방해죄로 처벌해서는 안 된다.

다섯 번째, 비정규직 노동자들에게 차별로부터 벗어날 실효성 있는 구제방안을 보장해야 한다. 기간제법은 기간제에 대한 차별적 처우를 금지하고 차별시정 절차를 마련하고 있지만, 차별로 인정받지 못하는 때가 많다. 사용자가 사업장 내 해당 업무를 모두 기간제로 바꿔버리면, 기간제법상 차별인지 여부를 판별할 비교 대상, 즉 '사업장 내 동종 또는 유사 업무 종사 정규직'이 없어지기 때문이다. 차별시정 업무를 맡은 노동위원회도 사업장 내 비교 대상의 존재를 차별인정요건으로 하고 있다. 사용자가 그 업무에 정규직을 고용한다면 보장해야 할 처우의 평균 수준에 비해 기간제 노동자에게 더 낮은 처우를 하고 있다면 차별로 보아야 한다.[30] 정규직 고용 시 통상적인 처우는 해당 산업 또는 유사 산업, 유사 규모 업체, 유사 업무 종사 정규직 처우를 기준으로 하여 노동위원회가 직권으로 판단하면 될 것이다.

기간제 노동자들이 무기계약으로 전환되고도 별도 직군으로 묶여 '중규직'이 된 경우도 같은 문제에 부딪힌다. 해당 사업장 안에는 동일 또는 유사 업무에 종사하는 정규직이 없는 것이다. 그러나 비정규직일 때와 비교하여 임금, 승진 등 노동조건의 개선이 별로 없고 정규직과 차이는 여전히 크다면 '중규직'은 포장만 달리한 비정규직이라고 보아야 한다. 더구나 '중규직'은 기간제가 아니므로 기간제법상 차별시정 절차도 쓸 수 없다. 이들 또한 정규직 고용 시 보장해야 할 통상적 처우보다

◇◇◇◇◇◇◇

30 프랑스는 기간제 노동자의 임금 차별 여부를 판단할 때 동격 동종의 상용 노동자가 '받게 될' 임금을 기준으로 한다고 규정한다. 독일은 비교 대상을 일단 사업장 내에서 찾고, 없으면 적용 가능한 단체협약을 기초로 하며, 단체협약도 없으면 산업부문의 관행과 경제적 거래관념에 따라 결정하도록 하고 있다. 노동법실무연구회, 『근로기준법 주해 I』, 391쪽.

낮은 처우를 받고 있다면 차별시정 절차를 밟을 수 있도록 보장해야 한다.

사내하청 노동자들이 불법파견임을 인정받는 사례가 많아지자, 사용자들은 법의 빈틈을 찾아내 더 교묘한 방법으로 차별을 계속한다. 불법파견 판정을 피하기 위해 하청노동자들에 대한 직접적이고 노골적인 관리감독을 중단하고 하청업체도 자율적으로 운영하게 해서 '진짜 하도급' 관계로 보이게끔 만드는 것이다. 이 경우도 원청 정규직과 비교해 근로조건에 차이가 있다면 시정되어야 할 차별이다. 파견이 아니라 하도급이므로 파견법상 차별시정 절차를 이용할 수도 없는 이 하청노동자들에 대해서도 원청을 상대로 차별시정 수단을 보장하는 입법이 필요하다.

: 정규직으로 가는 가장 빠른 길

비정규직의 노동3권 보장의 결과물은 무엇이 될까. 다름 아닌 직접고용, 정규직 전환이어야 한다. 비정규직이 별도로 존재하는 한 차별을 피할 수 없기 때문이다. 비정규직이 계속 존재하고 생겨날 수 있게 열어주면서 비정규직 차별을 없애겠다는 말은 앞뒤가 맞지 않는 논리모순이다. 비정규직 차별철폐 관련 법률로는 부당한 현실을 막을 수 없다. 비정규직 자체를 직접고용, 정규직 전환하지 않고는 근본적인 해결을 도모할 수 없다.

사용자에게 직접고용·정규직 전환 의무를 부과하는 것만으로 비정규직 철폐를 이룰 수 있는 것은 아니다. 사용자들은 더 많은 이윤을 위해 정규직 고용을 회피할 또 다른 방법을 끊임없이 찾으려 한다. 그 욕망을 통제하려면, 비정규직을 쓸 경제적 유인을 없애야 한다. 쉬운 해고, 낮은 임금이 경제적 유인의 핵심이었다. 이것을 정반대로 뒤바꿔놓으면 어떨까.

비정규직 해고도 정규직과 똑같은 절차를 거쳐야만 가능하되 비정규직 부당해고 유형을 구체적으로 열거하여 해고로부터 비정규직 보호를 강화한다. 비정규직은 정리해고에서도 정규직과 같이 보호되어야 한다.

기간제는 출산, 질병, 유학 등으로 일정 기간만 인력이 필요할 때, 3개월 이내의 단기간 안에 종료되는 일회성 업무, 계절적 업무 등 일정한 사유가 있을 때만 쓸 수 있게 하되, 정규직과 노동조건 차별을 금지하고, 고용불안에 대한 보상의 개념으로 최소 3~6개월 이상 임금에 해당하는 기간만료수당을 지급하도록 한다. 기간제도 해고는 정규직과 똑같이 제한되고, 비용은 더 들도록 고용형태를 바꾸는 것이다. 기간제를 쓸 경제적 유인이 사라지면 사용자들이 굳이 기간제를 쓸 이유가 없다.

민간 기업에는 출산, 병가 등 기간제 노동자가 필요한 일정한 사유가 있을 때에 한해 기간제 채용을 열어둘 수 있을 것이다. 하지만 국가 또는 지방자치단체, 공공기관은 이와 같은 사유로 생기는 결원을 채우기 위해 필요한 인력 수요까지를 포함해 정규직 정원을 확보해 운용하면서 필요할 때 배치전환하면 된다. 국가 또는 지방자치단체, 공공기관에는 '정규직 직접고용' 원칙을 관철해야 한다.

파견은 사실상 중간착취와 다르지 않으므로 원천적으로 금지한다. 경제적·조직적으로 사용자에게 종속되어 수행하는 업무는 특수고용을 쓸 수 없게 하여 직접고용의 원칙을 확립한다.

국가 및 지방자치단체, 공공기관부터, 그 다음은 대기업, 중소기업 순으로, 각각 일정 기한까지 모든 비정규직을 정규직으로 전환시킬 의무를 부과한다. 사용자는 정규직과 구별되는 별도 직군으로 묶어 '중규직'이 된 무기계약직도 위 기한까지 정규직으로 전환하거나 그 임금과 기타 노동조건을 정규직과 차별 없도록 조정해야 한다. 이들이 직접고용된다고 하여도 정규직 직원과 다른 직군으로 묶여 기간제나 파견일 때의 노동조건과 유사한 상황에 처해 있다면, 사실상 비정규직 차별이라고 보아야 하기 때문이다. 경제적·조직적 종속이 인정되는 특수고용 노동자도 역시 정규직으로 전환해야 한다. 위 기한이 오면 기존의 비정규직은 모두 예외 없이 정규직으로 전환된 것으로 간주하고, '중규직'의 노동조건도 정규직과 같은 수준으로 조정된 것으로 본다. 중소 영세 기업에 대해서는 정규직 전환에 대해 국가와 지방자치단체의 지원을 고려할 수 있을 것이다.

비정규직의 정규직화에 이르는 가장 빠른 길은, 비정규직 노동자의 노동3권을 철저히 보장하는 것이다. 언론의 기획보도나 시민단체의 캠페인, 정당의 정책 홍보만으로는 현실을 바꾸기 어렵다. 노동3권 침해의 현실을 고발하고 이를 고쳐나가는 당사자들의 집단, 노동조합의 지속적인 활동이 있어야 실제로 현실을 바꿀 수 있다. 그러므로 노동3권을 현실로 만들어내는 주역은 바로 노동자, 정확히 말하면 노동자의 자주적 조직, 노동조합이다. 노동조합의 활동을 통해 사용자가 고용에 대한 책임을 회피하는 행위를 무력화시키는 성과를 쌓아가야 한다. 진보정치의 비정규직 해법은 비정규직 노동자들의 현장에서 이 노력을 함께하는 데서 출발한다. 그 노력과 함께 진보정치가 내놓아야 할 대안이 모든 비정규직 노동자에게 적용되는 '비정규직의 노동3권 보장과 정규직 전환을 위한 특별법'이다.

: 특별법이 꼭 필요할까

비정규직의 노동3권을 보장하고 해고와 차별을 막기 위해 꼭 특별법이 필요할까. 근로기준법, 노동조합법을 근간으로 기간 제법, 파견법을 두어 비정규직 문제에 대처하는 현재 법 제도의 틀 안에서 해결할 수는 없을까. 노동자 인정 범위를 넓히고 차별시정 절차 일부를 보완하면 되지 않을까. 현행법 조항 하나 고치는 것도 어려운데 새로 특별법을 만들자고 해서는 국회에서 통과시키기 어렵지 않을까. 누구나 떠올릴 수 있는 의문들이다.

사용자들은 계속 노동법의 규제를 피해나가며 각양각색의 비정규직 노동형태를 만들어낸다. 고용주로서 책임은 회피하고 이익은 그대로, 또는 더 많이 취한다. 그렇지 않아도 기간제법과 파견법이 폭넓게 비정규직 사용을 허용하고 있는데도, 사용자들은 그 법에서도 빈틈을 찾아 중규직을 만들고 합법 하도급의 외형을 만들어 법적 규제를 피해나간다. 결국 이 틈새에 끼인 노동자들은 어떤 구제 수단도 활용하기 어려운 처지에 놓여 있다. 청년, 청소년들을 주 대상으로 한 프랜차이즈 알바, 실습생 등은 고용 자체도 극히 불안정한 데다 그 노동으로 이익을 얻는 프랜차이즈 본사, 실습 사업장 사용주 등과 관계에서는 노동법의 보호로부터도 배제되어 있었다. 그런데 최근에는 대학생 무급 인턴이라는 새로운 형태의 착취도 나타나 성행 중이다.

이 추세라면 앞으로도 비정규직의 형태는 기간제법, 파견법으로 담아낼 수 없을 만큼 더 다양해질 것이다. 한 형태의 비정규직에 대응하는 법을 만들면 사용자들은 또 다른 형태의 비정규직을 만들어 노동법적 규제를 피해가려 할 것이다. 노동법이 언제까지나 사용자들의 꽁무니를 쫓아다녀야 할까. 그 피해는 노동자로 인정받지도 못하고 노동3권을 행사하지도 못하는 노동자들에게 돌아온다. 돌멩이를 흘리지 않으려면 주먹을 쥐기만 하면 되지만, 그래서는 손가락 사이로 모래가 술술 빠져나가는 것은 막지 못한다. 다른 도구가 필요하다.

노동자들이 자신의 권리를 지키는 데 더 이상 유용하지 않다면 낡은 틀을 버리고 다시 틀을 짜야 한다. 규제가 강화되면 또 밀려나 더 낮은 처지로 떨어질 노동자의 입장에 서보자. 규제를 좀 더 강화하는 것으로 충분할까. 가장 낮은 곳에 스스로를 놓고 보면, 근본적 접근만이 나의 처지를 바꿀 유일한 방법이다. 자신의 처지를 변화시키기를 갈망하는 비정규직 노동자들은 그래서 현행법의 틀도 뛰어넘을 수 있다. 그것이 진보적 상상력이다.

근로기준법과 노동조합법의 기본 틀은 1950년대, 비정규직은 생겨나지도 않았을 때 만들어졌다. 당연히 비정규직 문제는 이 법들이 고민한 범위 내에 있지 않았다. 이 법들이 이루고자 한 주 목적은 정규직 노동자의 '착취로부터 보호'와 '노동3권 보장'이었다. 반면 기간제법과 파견법은 비정규직 양산법에 지나지 않는다. 이제 이 법들의 틀을 넘어, '직접고용, 정규직'을 노무 제공 관계의 원칙으로 선언하는 특별법이 필요하다. 기간제법과 파견법을 폐지하고, '비정규직의 노동3권 보장과 정규직 전환 특별법'을 제정해야 한다.

기간제법, 파견법을 일부 개정하는 것으로는 현재 비정규직 문제를 해결하는 데 크게 부족하다. 지금도 특수고용 노동자들은 아무런 노동법적 보호를 받지 못하고 있고, 이들의 문제는 기간제법이나 파견법으로 담기 어려워 이미 별도의 법률 제정이 논의되어왔다. 기간제, 파견, 하청, 특수고용, 알바, 실습생, 인턴 등 계약형식을 묻지 않고 근로기준법상 '근로자'로 인정받지 못했던 모든 비정규직 노동자를 그 보호 대상으로 포괄하는 특별법이 필요하다. 사업주에 경제적·조직적으로 종속되어 자신의 노무를 제공해 사업주가 그 이익을 취득하게 하는 사람이라면 누구든 노동자로 인정받고 그 정당한 대가를 받고 해고로부터 보호되고 차별시정 절차를 이용할 수 있으며 노동3권을 행사할 수 있도록 해야 한다.

근로기준법과 노동조합법 조항 몇 개를 바꾸는 것으로도 부족하다. 한국 사회 비정규직 문제는 개별적 근로관계와 집단적 근로관계에서 비정규직을 정규직과 같이 취급하라고 정해놓기만 하면 비정규직 차별이 사라질 수 있는 상태가 아니기 때문이다. 낮은 수준이지만 일정한 법적 보호라도 받아온 정규직에 비해 비정규직에게는 더 적극적인 보호를 제공해야만 문제가 해결될 수 있을 것이다. '정당한 사유 없는 해고는 무효'라는 추상적인 수준의 현재 근로기준법 조항만으로는 다양한 양태로 벌어지는 비정규직 부당해고를 방지하기 어렵다. 기간제, 파견, 사내하청, 특수고용, 알바, 실습생 등 계약형태를 묻지 않고 모든 비정규직을 부당한 해고와 정리해고로부터 보호하는 구체적 규정이 그래서 필요하다. 기간제, 중규직, 사내하청 노동자 등이 차별로부터 자신을 보호할 수 있도록 비교 대상을 확대하는 차별시정 규정을 두어야 한다. 비정규직에게 완전한 노동3권을 보장할 수 있도록 현재 노동조합법상 상당히 좁게 적용되어온 사용자 범위를 크게 넓힐 수 있게 규정을 바꿔야 한다.

나아가 비정규직 양산 추세를 꺾고 직접고용 정규직을 고용의 원칙으로 삼으려면, 비정규직이 만들어지지 않도록 사용자들에게 다른 유인을 제공해야 한다. 정규직 전환을 직접적인 법의 목표로 선언하고 국가 및 지방자치단체, 공공기관, 민간 기업까지 포괄하여 정규직 전환을 강제하며 고용형태 변화를 적극 유도해야 한다. 이것은 근로기준법이나 노동조합법 어디에도 담을 수 없다. 특별법으로 담아내야 할 일이다.

이 특별법 제정을 가능하게 하는 것은, 비정규직 노동자들 속에서 노동조합을 만들고, 노동3권 침해사건이 벌어질 때 그 노동조합과 함께 맞서고, 불가능할 것 같던 비정규직의 단체행동을 국민들의 지지 속에서 성공시키는 진보정치의 노력이다. 이 노력으로 비정규직 노동3권 침해의 부당함이 국민들에게 알려지고 비정규직의 노동3권을 특별히 더욱 강하게 보장할 수 있는 새로운 법의 필요성이 크게 부각되어야 입법도 성공할 수 있다.

: 비정규직의 노동자 선언, 진보정치가 함께해야

2016년 촛불혁명을 경험한 국민들은 더 이상 인간으로서 존엄이 짓밟히는 삶의 조건, 비정규직의 현실을 그대로 참고 있지 않을 것이다. 그러나 지금의 노동운동으로서는 국민들로부터 터져 나올 이 열기를 받아내는 것조차 쉽지 않다. 현재 노조 조합원들의 다수는 정규직 노동자들이다. 비정규직 노동자들의 처지가 정규직 노동조합이 해결할 문제에서 우선순위를 차지하지 못했고, 이는 정규직과 비정규직의 갈등으로 이어지기도 했다. 진보정치도 노동운동의 한계를 뛰어넘지 못했다. 구호로는 비정규직 철폐를 외치고 현실에서는 처우 개선을 주장하는 것 외에 근본적 접근도 시도하지 못했고 구체적인 방안을 내놓지도 못했다.

수구세력과 재벌대기업들은 비정규직 노동3권 보장을 회피하고 정규직 전환을 막기 위해 온갖 방법을 동원할 것이다. 그 방법이 무엇인지 우리는 이미 경험으로 알고 있다. 정규직과 비정규직을 편 가르고, 중장년과 청년들을 편 갈라 서로가 서로를 원망하게 만드는 것이다. 노동조합의 비리와 진보정당의 부도덕성을 퍼뜨려 이들로부터 국민들을 떼어놓는 것이다.

그렇다면 이에 대처하는 방법은 무엇인가. 우리가 실패한 경험들에 그 답도 들어 있다. 노동자들이 수구세력이 원하는 대로 서로를 원망하고 대립하지 않으려면, 재벌대기업들로 인하여 인간으로서 존엄을 가장 크게 파괴당하는 사람들의 처지에서 문제를 보아야 한다. 아래에서 보아야 제대로 볼 수 있다. 대기업 노조, 안정된 일자리의 정규직 노동자의 처지에 서기 전에 해고 위험에 시달리는 비정규직 노동자, 소수 노조의 입장에 서서 보아야 한다. 새로운 규제가 만들어지면 사용자가 그 빈틈을 찾아 또 다른 비정규직을 만들고 결국 그 처지로 떨어지고 말 비정규직 노동자의 입장에서 보아야 한다. 그러면 근본적인 변화의 필요성에 공감할 수 있다.

정규직 노동조합이 중심이 된 현재의 노동운동이 비정규직의 노동3권 보장과 정규직 전환 방안을 받아들일 수 있을까, 의문이 있을 수도 있다. 그러나 헌법이 모든 노동자들을 평등하게 보호하기를 요구한다는 점을 상기한다면, 정규직 노동운동이 헌법의 노동3권을 쟁취하기 위해 싸워온 역사가 정당하다면, 비정규직 노동자들이 노동3권을 확보하기 위한 모든 노력도 지지받을 만한 것이다. 대기업 노조라도 모든 정성을 다해 노력한다면 정규직 조합원들로부터도 비정규직 노동자의 처지와 해결책에 대한 공감을 이끌어내지 못할 리 없다. 이를 위해 다시 필요한 것은, 노동조합과 진보정당의 도덕성, 청렴성, 헌신성이다. 그래야만 약점 잡힐 것 없고 잃을 것 없이 정규직 조합원들의 힘까지 모아 비정규직 노동자들의 인간으로서 존엄을 함께 쟁취해낼 수 있다.

진보정치의 역할이 중요하다. 진보정치가 더 아래로 내려가야 한다. 비정규직 노동자들이 비인간적 노동현실에 맞서 인간으로서 존엄을 찾고 자신이 '노동자'임을 선언하며 헌법의 노동3권을 행사하여 주권자로서 힘을 발휘하는 순간을 진보정치가 함께해야 한다. 진보정치는 한 발 먼저 나아가야 한다. 지금의 노동운동이 말할 수 있는 정책보다 더 근본적인 입장을 견지한 방안을 내놓아야 한다. 비정규직의 노동3권 보장과 정규직 전환을 위한 법률을 입법하여 비정규직 노동자들의 손에 무기로 쥐여줄 책임도 진보정치에 있다. 이 일을 해내는 진보정당이야말로 그 존재 가치를 인정받을 것이다.

3장

근본적 접근 2 ― 청년과 청소년 노동[1]

청소년노동보호법을 만들자

: "알았다면 그 일을 시작하지 않았을 거예요."

2013년 11월, 고3 공 모 군이 오토바이 배달을 가다가 무단횡
단하는 행인과 부딪혔다. 공 군은 척추를 다쳐 2년 넘게 병원
신세를 졌다. 근로복지공단에 산재 신청을 했는데, 배달대행업
체에 붙박이로 고용돼 일하는 종업원이 아니라는 이유로 산
재 신청을 거부당했다가 재심을 청구해서야 산재로 인정받았
다. 그런데 근로복지공단은 순순히 요양비를 지급하고 끝내지
않았다. 배달대행업체 사장에게 근로자를 고용하면서 왜 산재

가입 신고를 하지 않았느냐며 이미 지급된 요양비 5천만 원의 절반을 부담하라고 통보했다. 자신도 배달일 해서 한 달에 200만 원가량 버는 배달대행업체 사장은 이 돈을 못 내겠다면서 공 군에 대한 요양비 지급도 취소하라고 소송을 냈다.

2015년 9월, 서울행정법원은 배달대행업체 사장의 손을 들어주었다.[2] 공 군이 배달 요청 수용 여부를 본인이 결정할 수 있었고, 대행업체로부터 고정 급여를 받지도 않고 배달 건수 기준으로만 받는 등 "독립하여 자신의 계산으로 사업을 영위"하였으니 근로자라고 할 수 없다고 판단했다. 그러니 근로복지공단이 공 군이 근로자임을 전제로 사장에게 2500만 원을 물어내라고 한 처분은 위법하다는 것이었다. 서울고등법원도 같은 입장이었다.[3] 대법원의 최종 판단이 남아 있다.[4] 그러나 여기서도 같은 결과가 나오면 공 군은 추가 치료가 필요한 상태지만 더

1 이 장 중 청소년 노동 관련 부분 서술은 이상현의 미발표 논문 「"연소자 근로의 특별한 보호"를 위한 '청소년노동보호법」으로부터 시사받은 바 크다. 이 글에서 펼치는 논지의 상당 부분도 이상현과 사이에 있었던 토론으로부터 나왔다. 4인 이하 사업장의 근로기준법 적용 배제 문제는 연시영의 미발표 논문 「알바의 사각지대! 4인 이하 사업장의 '근로기준법' 적용 범위 확대」로부터 시사받았으며 연시영과 가진 토론에서 그 내용이 채워졌다. 청소년, 청년 노동에 대해 새롭게 인식하고 생각을 숙성시킬 수 있도록 도와준 두 분께 깊이 감사드린다.

2 서울행정법원 2015. 9. 17. 선고 2014구합75629 판결.

3 서울고등법원 2016. 8. 12. 선고 2015누61216 판결.

이상 요양비를 받을 수 없는 것은 물론, 이미 받은 요양비조차 물어내야 할지도 모른다. 두 달도 채 일하지 못하고 사고로 그만둬야 했던 배달 알바로 번 수입은 한 달에 고작 35만 원쯤, 공 군의 미래는 어떻게 되는 것일까.

만 16세만 넘으면 오토바이 면허를 딸 수 있다. 많은 청소년들이 배달일을 한다. 안전보건공단 집계에 따르면 2010년에서 2015년까지 음식점 배달 알바 청소년 2,554명이 사고를 당했고 53명은 목숨을 잃었다.[5][6] 배달업체들에서는 근로기준법이며 산재보험법상의 문제를 피하기 위해 한 발 더 나아가 17세, 18세 청소년들에게 사업자등록을 해 오라고 요구하기도 한다. 근로자가 아니라는 근거를 만들기 위한 것이다. 산재보험 가입도

◇◇◇◇◇◇

4   대법원 2016두49372 사건으로 2017년 2월 10일 현재 계류 중.

5   2015년 8월 24일 심상정 의원 보도자료, 「최근 5년간 모두 53명의 음식점 배달 알바 청소년이 배달중 교통사고로 목숨을 잃어 산재 승인」.

6   김동오, 「청소년 배달노동의 문제상황과 해결 방안 제안」(청소년노동인권네트워크, 『살기 위해 노동한다!』 청소년배달노동실태보고」, 2011)이 인용한 배달 알바 청소년들의 진술은 다음과 같다. "1년 6개월간 일하면서 5번 사고가 났었어요. 2번은 입원을 했었고요. 배달 알바를 반대하시던 엄마가 많이 우셨죠. 전에는 배달하는 것 때문에 많이 싸웠는데 이제는 제가 돈을 어느 정도 벌어야 되는 거 인정하시니까 늘 저한테 미안해하시죠." "사고의 위험은 매번 느껴요. 이러다 죽을 수도 있다고 생각한 적 여러 번 있어요. 특히 비가 많이 올 때는 브레이크 잡으면 오토바이가 제멋대로 움직여서 큰일 날 뻔한 적이 여러 번 있어요. 그런데 비오는 날 주문이 더 많아서 일을 안 하면 사장님이 그만두라고 해요."

거의 이루어지지 않는다. 2015년 7월 기준으로 청소년 배달대행 노동자 3,750명 중 1.4%(53명)만 산재보험에 가입됐다는 근로복지공단의 통계[7]로 보아도 상황은 너무나 심각하다.

악명 높은 '30분 배달제'가 사라진 지 6년이 지났다. 2011년 2월, 프랜차이즈 피자업체 점포에서 배달 아르바이트 하던 18세 김 모 군이 시내버스에 부딪혀 숨지는 사고가 일어나면서였다. 피자업체가 '30분 안에 배달되지 않으면 피자값을 깎아준다'고 광고하던 때, 초고속으로 배달해야 하는 압박에 시달리던 알바 청소년들이 그 피해자가 되었다. 시민들의 항의로 국내 최대 프랜차이즈 피자 업체 두 곳이 '30분 배달제'를 철폐했다.

하지만 이제 음식점들은 배달 알바를 직접 고용하는 대신 배달대행업체에 매월 일정 금액을 내고 가맹점이 된다. 배달대행업체들이 가맹점을 확보하는 영업 포인트는 음식점주가 배달 알바들에게 직접고용 유지 책임을 질 필요도 없고 산재 책

7 2015년 9월 11일 우원식 의원 보도자료, 「청소년 배달대행 특수고용직, 산재보험 가입률 고작 1.42%」. 근로복지공단 자료에 따르면, 2015년 현재 배달대행 등의 일을 하는 15~19살 특수고용직 청소년은 3,750명 정도로 추산되고, 이 가운데 산재보험에 가입된 경우는 53명에 불과했다. 사업자가 산재보험에 들어준 경우가 37명, 청소년 노동자가 직접 '개인사업자' 자격으로 산재보험에 가입한 경우가 16명이었다.

임을 질 필요도 없다는 것이다. 배달 알바는 한 건에 2,000원에서 4,000원가량 배달료를 받는다. 콜을 받고 배달을 마치면 1,900원은 자기 수입으로, 100원은 배달 프로그램 개발업체에 콜비로 내는 방식이다. 1시간당 최소 2, 3건은 배달해야 겨우 최저시급 수준의 수입이 된다. 프랜차이즈 업체가 강요하는 '30분 배달제'는 없어졌다. 하지만 직접고용이 외주화로 바뀌면서, 이제 모든 배달 알바들이 최저시급을 벌기 위해 사실상의 '최단시간 배달제'에 시달리는 셈이다.

배달 알바는 원동기 면허만 있으면 나이 제한 없이 허용하는 업체가 대부분이어서 18세 미만 청소년들이 하는 경우가 많다. 배달 알바가 자기 오토바이를 가지고 있을 필요도 없다. 공 군의 배달대행업체는 배달 알바들에게 오토바이를 빌려주고 "매일 500원씩"[8]의 사용료를 받았다. 청소년들이 손쉽게 배달 알바에 뛰어들게끔 하는 환경인 것이다.

반면 위험 부담은 모두 배달 알바 책임이다. 배달 중에 음식이 손상되면 배달대행업체가 아니라 '개인사업자'인 알바가 물어내야 한다. 배달대행 가운데는 이런 방식이 아니라 아예 알바

---

8 서울행정법원 2015. 9. 17. 선고 2014구합75629 판결.

가 배달료를 뺀 가격에 음식을 사서 배달료를 더해 고객에게 파는 방식도 생겨났다. 18,000원짜리 치킨을 16,000원에 사서 배달하는 방식이다. 위험 부담이 더 커진다. 배달 중에 고객이 주문을 취소하면 알바가 이미 낸 치킨값 16,000원이 고스란히 '개인사업자'인 자신의 손해로 남는다. 공 군의 경우처럼 사고가 났을 때 산재보험 적용도 어려워 치료비는 모두 알바생들 부담이다.

정부는 2016년 4월 황교안 국무총리 주재로 국가정책조정위원회를 열고 제2차 청소년보호종합대책(2016~2018)을 확정했다.[9] 이 대책안에는 '특수고용 형태로 배달대행 업무에 종사하는 청소년의 산업안전 보호 강화'를 위해 '배달대행 청소년 실태조사 및 안전 등 보호방안 마련 등'의 내용이 들어 있다. 여성가족부 관계자는 "일단 실태조사부터 실시한 뒤 산재보험 가입 등 보호 방안을 마련할 계획"이라고 했다. 실태조사조차도 이뤄지지 않은 상태였던 것이다.[10]

---

9   2016년 4월 21일 관계부처 합동, '청소년이 건강하고 안전한 사회를 위한 제2차 청소년보호종합대책(2016-2018)'.

10   《국민일보》 2016년 4월 21일 자, 「위험한 배달대행 알바 청소년 보호, 개인사업자 형식으로 등록, 산재보험 가입률 14.2% 그쳐… 정부 내년 중 대책 마련하기로」.

하지만 근본적인 문제는 더 깊은 곳에 있다. 공 군은 〈한겨레 21〉과 인터뷰에서 이렇게 말했다. "학교에선 임금체불, 부당대우를 당하면 어디로 신고하는지 정도만 알려줬어요. 왜 근로계약서를 써야 하는지, 산재보험이 뭔지 말해주지 않았어요. 오토바이를 탔다는 건 후회하지 않아요. 그렇지만 산재보험을 몰랐다는 게 후회돼요. 만약 알았다면 그 일을 시작하지 않았을 거예요."[11] 신고센터가 어디인지 알려주는 것은, 신고하면 문제를 해결할 수 있을 때는 유용하다. 직접고용 정규직 노동자였다면 신고센터의 도움만으로도 문제를 쉽게 해결했을 터이다. 하지만 청소년들은 신고해봐도 현행법상 구제받기 어려운 고용형태로 내몰려 있다. 신고센터 기억해두는 것으로는 문제를 해결할 수 없는 처지에 이미 빠져버린 것이다. "알았다면 그 일을 시작하지 않았을 것"이라는 공 군의 말은 청소년들로서는 특수고용 노동자가 져야 하는 위험을 도저히 감당할 수 없음을 다시 확인시켜준다.

이른바 '청소년 특수고용'이 확대되는 것이 근본적인 문제다. 성인이야 특수고용 노동자면 명목으로라도 '사장님' 소리를 듣

---

11 〈한겨레21〉 제1125호, 2016년 8월 17일 자, 「사고 책임은 누가 대행해줍니까? 배달대행업계 커졌지만 오토바이 사고 나도 치료비 스스로 부담해야 하는 10대 배달대행 아르바이트」.

는다. 손해도 위험도 산재도 자신이 부담해야 하는 처지라 불안하지만 어쨌든 성인인지라 대출을 받든 카드 돌려막기를 하든 방법을 동원한다. 하지만 19세 미만 청소년은 민법상 독립적인 행위능력도 부여되지 않는데, 아무리 보호자 동의를 받아 사업자등록을 한다 해도 사고라도 당하거나 자신 또는 사업주에게 큰 손해라도 생기면 어떻게 감당할 수 있다는 것인가. 청소년이 무슨 돈이 있으며 돈 빌릴 데가 어디 있나. 그 부모라도 재력 있는 경우는 얼마나 될까. '청소년 특수고용'은 아예 위험부담을 할 수 없는 사람에게 위험을 억지로 떠맡기는 일이다. 청소년들이 처한 특수고용 상태는 그대로 둔 채 산재보험 가입 문제만 검토하는 정부 대책은 이런 심각한 상황이 확산되도록 방치하는 셈이다.

그뿐만이 아니다. 헌법은 연소자의 근로에 대해 특별한 보호를 하도록 정한다. 근로기준법도 18세 미만에 대해 1일 7시간 이상 노동을 시키지 못하도록 하는 등 보호 규정을 두고 있다. 하지만 현실은 청소년 노동을 가장 열악한 것으로 만들었다. 항의조차 제대로 하지 못하는 청소년들에게 특수고용의 외형을 만들어 올 것까지 요구하기도 한다. 불안정한 고용은 바로 법적 보호망의 부재로 이어진다.

이 청소년들이 근로기준법상 '근로자'가 아니면 근로기준법의 하루 7시간 노동시간 제한[12]도, 밤 10시 이후 야간노동 금지도, 휴일노동 금지[13]도 적용되지 않는다. 그러니 밤 12시가 되어도 청소년들이 치킨 배달을 다닌다. 공 군도 평일에는 학교 수업을 마친 오후 5시부터 밤 12시까지 일했다. 주말과 휴일에는 오전 11시에 출근해 밤 12시에 퇴근했다.[14] 주말과 휴일 노동시간이 무려 하루 13시간, 식사시간을 뺀다 해도 대기시간을 합쳐 최소 하루 12시간이다. 근로자로 인정받았다면, 공 군이 근무 당시 18세 미만이었다면 근로기준법 허용범위 내에서 밤 10시까지만 일했을 것이다. 주말에도 하루 7시간만 일하고 휴일에는 쉬었을 터이다. 그러나 공 군이 '개인사업자'가 되는 순간, 근로기준법은 오간 데 없고 18세 미만이어도 장시간 야간근로가 제한 없이 허용되는 셈이다. 해고 제한이 없는 것은 물론이다.

◇◇◇◇◇◇◇

12 근로기준법 제68조(근로시간) 15세 이상 18세 미만인 자의 근로시간은 1일에 7시간, 1주일에 40시간을 초과하지 못한다. 다만, 당사자 사이의 합의에 따라 1일에 1시간, 1주일에 6시간을 한도로 연장할 수 있다.

13 근로기준법 제70조(야간근로와 휴일근로의 제한) 사용자는 임산부와 18세 미만자를 오후 10시부터 오전 6시까지의 시간 및 휴일에 근로시키지 못한다. 다만, 다음 각 호의 어느 하나에 해당하는 경우로서 고용노동부장관의 인가를 받으면 그러하지 아니하다.
1. 18세 미만자의 동의가 있는 경우

14 서울행정법원 2015. 9. 17. 선고 2014구합75629 판결.

정부는 이런 현실은 전혀 문제 삼지 않고 청소년 특수고용은 인정한 채 산재보험 가입 등만을 대책으로 내놓는다. 이런 대처로는 청소년 특수고용은 더욱 늘어나고 청소년들은 근로기준법의 보호에서조차 배제될 것이다.

: 생애 첫 노동만큼은 인간답게, 청소년노동보호법

청소년들의 노동 현실을 어떻게 바꿀 수 있을까. '청소년 노동보호법'이 필요하다. 헌법이 정한 연소자의 노동에 대한 '특별한 보호'[15]가 실현되려면 지금의 근로기준법으로는 턱없이 모자란다. 이 헌법 규정은 1948년 제헌헌법 이후로 거의 바뀌지 않은 채 그대로다. 근로기준법상 연소자 보호규정 역시 1953년 근로기준법 제정 당시와 크게 다르지 않다. 그로부터 벌써 70여 년이 지났고, 특히 노동관계는 1997년 IMF 사태 이후 크게 바뀌었다. 직접고용 정규직이 대부분이었던 상황은 정부 추계로도 간접고용 비정규직이 전체 노동자의 3분의 1에 이를 만큼 엄청나게 달라졌다. 노동법의 보호범위에서 배제된 특수고용까지 일반적인 현상이 되어버렸다. 이런 노동관계의 변화는

〰〰〰〰

15   헌법 제32조 ⑤ 연소자의 근로는 특별한 보호를 받는다.

성인뿐만 아니라 청소년들에게도 마찬가지로 일어났고, 청소년들에게 더 큰 피해를 강요했다.

주권자인 국민은 헌법을 통해 연소자의 노동을 '특별히 보호'하도록 명하였지만, 자신의 권리를 제대로 찾기 어려운 청소년들은 어리다는 이유로 '특별한 착취'의 대상으로 전락하고 있다. 배달 알바와 같은 '청소년 특수고용'이 급격히 늘어나면서 근로기준법의 보호 범위에서 아예 배제되고 있다. 헌법을 통한 주권자의 명령이 현실에서는 철저히 배반당하고 있다. 근로기준법을 비롯한 노동관계법률들은 청소년들의 피해에 눈을 돌리지 않는다. 70여 년 전 만들어진 근로기준법의 연소자 보호 규정으로는 이런 헌법 위반 상황을 바꿀 수 없다. 헌법이 정한 여성의 노동에 대한 특별한 보호를 위해서는 '남녀고용평등법' 등이 다수 만들어져 있다. 주권자가 명한 청소년 노동에 대한 '특별한 보호'를 위해 민법상 성년 기준[16]인 만 19세 미만 청소년들을 대상으로 '청소년 노동보호법'을 제정해야 한다.

'청소년 노동보호법'이 담아야 할 가장 중요한 규정은, 청소년 노동에서 간접고용과 특수고용 일체를 금지하는 것이다. 아울

16　민법 제4조(성년) 사람은 19세로 성년에 이르게 된다.

러 민법상 성년인 만 19세에 이르지 않은 청소년들에 대해서는 파견, 도급, 위탁, 특수고용을 비롯한 모든 노동형태를 명칭과 외형에 관계없이 직접고용으로 간주하는 규정을 이 법에 둔다. 청소년의 노무 제공으로 이익을 얻는 배달대행업체 등의 사업주가 직접고용한 것으로 보는 것이다. 그리하면 일하는 청소년들 모두가 근로기준법상 '근로자'로서 지위를 갖고 근로기준법과 노동조합법, 산재보험법을 예외 없이 적용받을 수 있게 된다. 앞서 말한 '비정규직의 노동3권 보장과 정규직 전환에 관한 법률'이 제정되지 못한 상태여도, 적어도 '청소년 노동보호법'으로 청소년에 대해서는 먼저 간접고용, 특수고용을 금지해야 한다.

이 규정을 두어야 하는 첫 번째 이유는, 청소년들이 '특수고용'이라는 외형 때문에 근로기준법의 연소자 보호 규정으로부터도 배제되는 현실 때문이다. '청소년 특수고용' 노동자들의 노동조건이 성인에 비해 훨씬 나쁜 조건에 처한 것을 방치해서는 안 된다.

더 본질적인 이유는, 생애 첫 노동이 인간으로서 존엄을 파괴당하는 경험이어서는 안 되기 때문이다. 파견, 하도급, 위탁 등의 간접고용은 근로기준법이 금지한 중간착취[17]와 다를 바 없다. 근로기준법조차 적용되지 못하는 특수고용은 사용자가 노동자에 대해 져야 하는 최소한의 책임마저 회피하려는 편법이자 모든 위험까지 노동자에게 떠넘기는 극단적 착취다. 노동자는 존엄한 인간이자 주권자다. 노동의 정당한 대가를 향유하고 인간다운 생활을 할 수 있어야 한다. 노동법의 규율을 회피하고 노동자를 신종 착취의 대상으로 전락시키는 것은 헌법이 보장한 노동권을 침해할 뿐만 아니라 인간으로서 존엄을 파괴하는 행위다.

내가 노동하고 애써 생계를 꾸려가는 이유는 무엇인가. 나는 왜 세상을 바꾸려고 노력하나. 나의 아이들과 다음 세대가 나보다는 더 좋은 세상에서 살기를 바라기 때문이 아닌가. 나의 첫 노동보다는 내 아이들이 경험하는 첫 노동이 더 평등하고 인간다운 것이어야 하지 않나. 그래야 내 아이들이 역사가 진보한다는 진리를 받아들이고 희망을 가질 수 있지 않을까.

많은 국민들이 아이들이 처음 만나는 세상인 학교에서부터 평등과 인간다움을 경험하기를 바라며 무상급식에 찬성했고 학교 비정규직의 처우 개선에 동의했다. 그 경험이 아이들에게 더 좋은 미래를 만들 힘을 키워주는 중요한 교육이라고 보았

⬦⬦⬦⬦⬦⬦

17　근로기준법 제9조(중간착취의 배제) 누구든지 법률에 따르지 아니하고는 영리로 다른 사람의 취업에 개입하거나 중간인으로서 이익을 취득하지 못한다.

기 때문이다. 그런데 사회에 눈떠가는 청소년들이 생애 첫 노동에서부터 인간으로서 존엄을 부정당한다면, 비정한 사회에 길들여져야 살아남는다는 것 외에 무엇을 배우겠는가.

청소년들이 경험하는 생애 첫 노동만큼은 인간다운 것으로 돌려놓자. 헌법과 법률이 자신의 노동을 지켜주고 인간으로서 존엄을 보장한다는 것을 청소년 시절에 경험할 수 있게 하자. 그럼으로써 청소년들 스스로 인간다운 노동과 인간으로서 존엄이 보장되는 사회를 만들 주권자로 성장할 수 있게 하자. 이것이 청소년에 대해 간접고용, 특수고용을 금지하는 주된 이유다. '청소년 노동보호법'을 만드는 가장 근본적인 이유이기도 하다.

'청소년 노동보호법'에 담아야 할 내용은 그 밖에도 많다. 첫째, 국가와 지방자치단체, 학교가 청소년 노동인권교육을 충실하게 하도록 의무를 부과해야 한다. 청소년들은 근로기준법 등 기본적인 노동관계법 내용조차 제대로 배우지 못하고 노동자로 첫 발을 내딛게 된다. 그로 인해 인간으로서 존엄의 최소한조차 스스로 찾기 어려운 처지에 놓인다. 정규 교육과정에 노동인권교육을 넣어야 한다. 현행 노동법은 물론, 헌법이 보장한 노동의 권리와 노동3권의 실현을 위해 현행법도 바뀌어야 한다는 점이 교육 내용에 담겨야 한다.

학교 밖 청소년들도 취업을 전후해 관할 교육청으로부터 노동 인권교육을 이수하게 해야 한다. 사업자에게 유급 교육시간 보장 의무를 지우고, 이행하지 않을 경우 과태료를 내게 해야 교육 이수가 이루어질 것이다. 관할 노동청은 학교 밖 청소년들의 노동인권교육 이수현황을 수시로 점검하고 교육 이수를 독려해야 한다.

둘째, 노동하는 청소년들도 헌법상 교육받을 권리를 보장받게 해야 한다. 청소년이 원하면 노동관계가 중단되는 일 없이 학업을 계속할 수 있어야 한다. 학업이 해고 사유가 되어서는 안 된다. 청소년은 노동관계를 유지하면서도 자신의 미래를 준비할 수 있어야 한다. 검정고시 또는 상급학교 진학에 중요한 자료가 되는 중간고사나 기말고사를 앞두고 있거나, 향후 취업을 위한 자격시험에 응시할 때, 시험일 당일뿐만 아니라 그 준비에 필요한 최소한의 기간만큼은 '유급 학습휴가'로 정해 노무 제공 의무에서 벗어날 수 있게 보장해야 한다.

현재 의무교육과정은 중학교까지로 되어 있지만, '청소년 노동보호법'에서는 19세 미만의 청소년으로서 고교, 대학 과정 등 사회 통념상 독립생활을 준비하는 데 필요한 교육과정을 밟고 있다면 '유급 학습휴가'를 쓸 수 있게 보장한다. '유급 학습휴가'를 쓸 수 있는 시험의 종류를 예시하고, 청소년과 사용자의 합의로 그 밖의 시험도 대상이 될 수 있게 한다. 각각의 시험마다 짧게는 3일에서 길게는 10일가량의 기간을 '유급 학습휴가'로 쓸 수 있게 하고, 전체 휴가 기간의 상한을 연간 15일~25일로 정한다.

전체 휴가 기간의 상한을 15일~25일로 제안하는 이유는, 성년 노동자라면 다수는 연차휴가로 연간 15일~25일을 보장받는데 청소년들은 현재 연차휴가를 거의 쓰지 못하는 현실로부터 출발한 것이다. 청소년들이 일하면서도 학업을 함께 하려면 성년 노동자보다 휴식이나 휴가를 더 쓸 수 있어야 한다. 하지만 청소년들은 근로기준법상 4명 이하 사업장에서 일하는 경우가 많고 이 경우 연차휴가가 아예 주어지지 않는다. 또 5명 이상 사업장에 근무해도 근속기간이 짧은 경우가 많아 연차휴가를 쓰거나 연차휴가 근로수당을 받는 청소년은 찾아보기 어렵다. 물론 4명 이하 사업장에 대한 근로기준법 전면 적용, 청소년에 대한 연차휴가 보장도 이루어져야 하지만, 일단 헌법상 연소자 노동에 대한 특별한 보호와 청소년의 교육권 보장 차원에서 청소년 노동자에 대한 '유급 학습휴가'를 신설하고 그 기간을 일단 성년이면 연차휴가로 보장받는 정도로 설정해 실시해 보자는 것이다.

중소 영세 사업자가 이 기간 동안의 추가 인건비 지출을 감당하기 어려운 경우가 있을 수 있다. 중소기업 여성 노동자의 출산휴가 90일 가운데 30일분의 임금을 고용보험에서 부담해 여성 노동자의 모성을 보호하듯, 고용보험이 청소년 노동자의 학습권을 보장하는 역할을 할 수 있다. 중소 영세 사업자가 청소년 노동자에게 '유급 학습휴가'를 부여하면, 이 기간 동안의 임금 상당액을 고용보험이 '유급 학습휴가 지원금'으로 중소 영세 사업자에게 지원하는 것이다.

셋째, 노동하는 청소년들이 일하다가 다치지 않도록 적극 보호해야 한다. 아직 몸과 마음이 성장하는 중인 청소년들이 과중한 노동으로 큰 상해를 입는 일이 너무나 흔히 일어난다. 근로기준법은 18세 미만자를 도덕상 또는 보건상 유해·위험한 사업에 사용하지 못하게 하고 야간 휴일 근로를 규제하며 갱내 근로를 금지하는 규정을 두고 있지만, 이것으로는 크게 부족하다. 현실에서 청소년들이 일하다가 몸을 다치거나 건강을 상하는 경우가 적지 않기 때문이다. 최근 청소년 노동 가운데 밤샘 택배 분류 및 상하차 작업 비중이 크게 늘었다. 18세 이상이어서 야간노동 금지규정은 적용받지 않는다 해도, 아직 성장하는 중인 데다 노동에도 익숙지 않은 청소년들로서는 무거운 택배 짐을 밤새 옮기는 반복 작업이 근골격계 질환으로 이어질 가능성도 상당하다.

하지만 갱내 노동 및 보건상 유해·위험한 작업만을 금지하는 근로기준법 규정으로는 이런 반복 작업으로부터 청소년이 입는 상해나 성장 저해를 막기 어렵다. 과도한 반복 작업이 성장에 지장이 되거나 상해로 이어지는 것까지를 예방하는 차원에서 청소년 사용 금지 작업의 기준과 범위를 다시 설정해야 한다. 또한 청소년 노동의 경우 근로기준법상 보장된 휴게시간[18]도 제대로 쓰지 못하는 경우가 흔하다. 반복된 작업으로 인한 상해를 예방하기 위한 차원에서라도, 성인에 비해 휴식시간을 늘려 보장하는 조치가 필요하다. 아울러 청소년들 다수는 노동에 익숙하지 않아 사고나 상해 위험도 더 크기 때문에, 성인보다 더 철저하게 안전교육을 실시해야 한다.

넷째, 노동하는 청소년들이 감당할 수 없는 큰 위험에 빠지지 않게 보호해야 한다. 사용자는 고의에 의한 행위가 아닌 이상 과실로 생겨난 손해를 청소년 노동자에게 물을 수 없게 금지해야 한다. 사용자가 청소년 노동자에게는 큰 손실로 이어지는 업무를 맡기지 않도록 하는 것이다.

◇◇◇◇◇◇◇

18　근로기준법 제54조(휴게) ① 사용자는 근로시간이 4시간인 경우에는 30분 이상, 8시간인 경우에는 1시간 이상의 휴게시간을 근로시간 도중에 주어야 한다.

4명 이하 사업장, 프랜차이즈 알바

: "분명히 나는 혼자인데 나와 같은 혼자가 너무 많아."

국회의원 선거에 후보로 나간 시영 씨는 이십대 후반의 청춘이다. 편의점, 빵집, 주스 가게 등 온갖 알바를 전전하며 대학 등록금과 생활비를 마련해온 시영 씨는 선거운동기간 내내 새벽마다 편의점을 돌아다녔다. 야간 알바로 일하는 젊은이들을 만나기 위해서다. 시영 씨가 물어보니 야근수당 못 받는 것은 당연하고, 근로기준법상 주휴수당 받을 수 있다는 것도 모르고 못 받아온 알바생들이 정말 많았단다. 시영 씨는 당연히 이 알바생들이 제대로 권리를 보장받기 위해 나서고 최저임금 인상을 위해 힘을 모으기를 바라며 새벽잠을 포기하고 뛰었다. 그런데 시영 씨가 의외로 많이 들은 말은, "그래도 괜찮아요."였다고 한다.

무엇이 그래도 괜찮다고 말하게 만드는 것일까? 그들은 혼자였다. 편의점 알바생들은 혼자 일자리를 구하고, 일할 때도 혼자다. 해고될 때도 혼자일 뿐이다. 자신의 노동조건이 근로기준법에 위반되는 것인지도 혼자서는 알기 어렵다. 노동조건을 편의점주와 협상한다거나 무슨 행동을 해서 더 낫게 하는 것도 혼자서는 엄두조차 낼 수 없는 일이다. 노동조합은 없냐고? 편의점주 한 사람 밑에서 혼자 일하는 알바생에게 노동조합은 멀기만 한 이야기다.

그런데 어딘가 이상하지 않은가? 같은 상표의 편의점이 전국에 수천수만 개씩 있다. 같은 옷을 입고 같은 일을 하는 알바생들이 편의점 수만큼 전국 곳곳에 존재한다. 매일 같은 물건을 받아 같은 방식으로 배열해야 하고, 서울 명동 금싸라기 땅에서건 땅끝마을에서건 같은 물건에는 같은 값을 받아야 하며 할인행사도 본사에서 정해주는 대로 해야 한다. 원하지 않아도 본사에서 정해놓은 대로 24시간 문을 열어야 하니 야간 알바들이 골목마다 퍼져 있고, 본사에서 정해준 매뉴얼대로 손님을 응대하지 않아 적발되면 폐점될 수도 있다. 똑같은 일을 하는 이 알바생들은 왜 모두 혼자일까?

편의점뿐만이 아니다. 수많은 업종에 생겨난 수많은 프랜차이즈 업체에서 일하는 알바들은 대부분 이런 처지에서 이렇게 일한다. 프랜차이즈 노동자는 왜 '알바'인가. 프랜차이즈의 본질적 특성으로부터 나오는 고용형태다. 기간제, 단시간, 파견이 아니라 가맹점주가 직접 고용해 하루 8시간 이상 계약기간 정함이 없이 일하는 정규직이라 해도, 이들은 늘 알바로 불리고 알바 이상의 처우를 받지 못한다. 프랜차이즈 자체가 숙련노동을 요구하지 않고 언제든 대체될 수 있는 단순노동만을 필요로 하는 일률적인 체계로 만들어져 있기 때문이다.

'분명히 나는 혼자인데 나와 같은 혼자가 너무 많아. 모두 최저임금이고 근로기준법 보호에서도 제외됐어. 프랜차이즈 본부는 갈수록 커지고 매장도 더 골목골목 들어서는데 내가 일하는 편의점 사장님은 더 힘들대. 그러니 시급 올려달라는 말도 못 하겠어. 참는 수밖에. 다른 방법이 없는 것이 뻔해. 다들 어렵다는데 뭐, 나도 그런대로 괜찮아.' 뭘까? 신자유주의의 마법이다.

청소년, 청년들이 생활 또는 학업을 위해 구하는 일자리의 상당수가 프랜차이즈 편의점, 커피숍, 빵집 등이다. 그 대부분은 알바 혼자 지키거나 많아야 두세 명 있을 뿐인 작은 점포들이다. 그런데 근로기준법과 시행령은 상시 사용 근로자 수 4명 이하 사업장에는 연장근로수당, 야간근로수당, 휴일근로수당, 연장근로 제한, 연차 유급휴가, 해고 제한, 퇴직급여제도 등의 적용을 배제한다.[19]

<hr />

19   근로기준법 제11조(적용 범위) ② 상시 4명 이하의 근로자를 사용하는 사업 또는 사업장에 대하여는 대통령령으로 정하는'바에 따라 이 법의 일부 규정을 적용할 수 있다.

단적으로 말하면, 5명 이상 사업장 근무자는 야간에 일하면 근로기준법에 따라 최소한 시급의 1.5배를 받도록 강제되지만,[20] 편의점에서 혼자 일하는 알바는 야간에 일해도 시급만 그대로 받으라는 것이다. 5명 이상 사업장 근무자는 정당한 이유가 없으면 해고당하지 않지만,[21] 편의점 알바는 정당한 이유가 없어도 점주 마음에 따라 해고당할 수 있다는 것이다.

1998년 2월 만들어진 규정이 20여 년이 다 되어가는 지금도 그대로다. 4명 이하 사업장은 경제 형편상 법 준수 능력이 떨어져 근로기준법상 주요 규정을 지킬 것을 기대하기 어렵다는 이유, 국가의 관리 감독 능력이 떨어진다는 이유였다. 근로기준법은 노동자에게 헌법이 명시한 인간으로서 존엄을 보장하기 위한 최저기준이다. 근로기준법이 연장·야간·휴일근로에

◇◇◇◇◇◇◇

근로기준법 시행령 제7조(적용 범위) 법 제11조 제2항에 따라 상시 4명 이하의 근로자를 사용하는 사업 또는 사업장에 적용하는 법 규정은 별표 1과 같다.(별표 생략)

20 　근로기준법 제56조(연장·야간 및 휴일 근로) 사용자는 연장근로(제53조·제59조 및 제69조 단서에 따라 연장된 시간의 근로)와 야간근로(오후 10시부터 오전 6시까지 사이의 근로) 또는 휴일근로에 대하여는 통상임금의 100분의 50 이상을 가산하여 지급하여야 한다.

21 　근로기준법 제23조(해고 등의 제한) ① 사용자는 근로자에게 정당한 이유 없이 해고, 휴직, 정직, 전직, 감봉, 그 밖의 징벌(이하 '부당해고 등'이라 한다)을 하지 못한다.

대해 최소한 1.5배의 임금을 지급하도록 강제하는 것은, 노동
자의 건강과 휴식을 위해서는 하루 8시간 이상, 밤 10시 이후,
휴일의 근로는 시키지 말아야 한다는 최저선을 지키라는 요구
다. 5명 이상 사업장에서 근무하는 노동자들이 연장·야간·휴
일 근로수당을 받지 못하는 경우는 많이 줄어들었다. 그런데 4
명 이하 사업장에서 일하는 많은 청소년, 청년들은 건강과 휴
식을 위한 최소한의 보호조차 받지 못하고 있다. 인간으로서
존엄을 보장받는 대상에서 아예 제외되어 있는 셈이다. 그것도
근로기준법과 시행령에 의해 합법적으로 배제되어버렸다.

: 알바 야근수당, 프랜차이즈 본부가 보장해야

근로기준법 적용 예외조항이 만들어진 1998년과는 달리, 지금
4명 이하 사업장의 상당수는 편의점을 비롯한 프랜차이즈 가
맹점들이다.[22] 프랜차이즈 본부는 사실상 전국에 영업조직을
가진 대기업이나 다를 바 없다. 각 가맹점주들도 독자성을 가

◇◇◇◇◇◇◇

22 2014년 4명 이하 사업체 수는 1,177,602개인데 이 중 프랜차이즈 가맹점은
166,765개로 전체의 14.2%다. 종사자 수 기준으로 4명 이하 사업체 종사자 수
3,092,665명, 프랜차이즈 종사자는 576,555명, 18.5%로 비중이 더 높다. 통계청,
『2014년 프랜차이즈 통계 16개 업종별(교육서비스업 제외)』.

진 독립 자영업자라기보다 프랜차이즈 본부가 시키는 대로 영업을 유지해야 하는 직영점 점장이나 다르지 않다. 알바들은 전국의 각 가맹점마다 따로 따로 고용되지만 결국 똑같은 일을 하는 프랜차이즈 본부 직원이나 다름없다. 방대한 전국망을 가진 대기업 프랜차이즈는 최소한의 관리감독 인원만 본부 정규직으로 둔 채 전국에서 가맹점주들과 알바들의 야간 밤샘 노동으로부터 이익을 흡수하며 급성장을 구가했다.[23] 그러고도 더 이익을 내기 위해 포화상태까지 가맹점을 늘리고 과잉경쟁체제로 몰아넣어 가맹점주들을 압박한다. 가맹점주들 자신의 노동시간도 과도하게 길고 영업이익도 얼마 되지 않는 상황에서 알바의 노동조건이 나아질 리 없다.

프랜차이즈 본부가 가맹점을 과잉 출점시키며 이익을 창출해온 방법을 바꾸고 가맹점주의 적정 영업이익과 알바들의 적정 임금을 보장해야 풀리는 문제다. 프랜차이즈 본부가 과도하게 취해온 이익을 가맹점주들과 알바들에게 돌려줘야 한다.

---

23 4명 이하 사업체 수는 2012년에서 2014년 사이에 1,074,880개에서 1,177,602개로 0.1% 증가하는 데 그쳤다. 그러나 같은 기간 프랜차이즈 가맹점은 146,081개에서 166,765개로 14.2% 늘었고, 종사자 수도 486,102명에서 576,555명으로 18.6% 늘어났다. 고용노동 통계. 2012~2014 시도별, 산업별, 규모별 사업체 수 및 종사자 수 참조. 이는 4명 이하 사업체의 상당수가 급격히 프랜차이즈 가맹점으로 바뀌고 있음을 보여준다.

'가맹사업거래의 공정화에 관한 법률'에 따라 프랜차이즈 본부는 가맹계약 체결 전에 가맹점주들에게 '정보공개서'를 제공하고 공개서에 소요 예상비용을 자세히 적어 알려줘야 한다.[24] 그런데 예상비용 산정을 위한 정보공개서 세부 항목에 인테리어 비용이며 회계처리 비용까지 세세한 항목이 다 들어가 있지만, 가장 중요한 인건비 예상 비용은 빠져 있다.[25] 가장 최소한으로, 알바생 주휴수당 제대로 주고 야간·휴일근로수당 챙겨줄 인건비를 정보공개서 세부 항목에 포함시켜야 한다. 그리고 하루 16시간 근무하는 가맹점주 자신도 최소한 연장근로수당 만큼의 이익은 더 남길 수 있도록, 프랜차이즈 본부가 가져갈 이익을 재조정해야 한다. 대기업 프랜차이즈 본부로 하여금, 가맹점주와 알바들에게 최저임금 기준으로 근로기준법상 노동자 수준의 생활만큼은 보장하게 하는 것이다.

이렇게 프랜차이즈 가맹관계를 바로잡으면, 프랜차이즈 본부가 가맹점주와 알바들의 야간·연장·휴일 근로수당으로 가야 할 돈을 더 이상 본사의 이익으로 빨아들일 수 없게 될 것이다. 그러면 프랜차이즈 가맹점들도 자연스럽게 근로기준법상 야간

---

24   가맹사업거래의 공정화에 관한 법률 제2조 제10호 참조.

25   가맹사업거래의 공정화에 관한 법률 시행령 제4조, 별표 1 참조.

근로수당 등을 부담할 여력을 갖게 된다. 근로기준법은 4명 이하 사업장이 야간근로수당 등을 부담할 여력이 없다는 이유로 적용 예외 규정을 두었는데, 최소한 프랜차이즈 가맹점들에 대해서는 그 이유가 더 이상 유지될 수 없게 된다. 따라서 구멍가게도 아닌 프랜차이즈 가맹점들을 4명 이하 사업장이라고 하여 근로기준법의 보호에서 배제할 이유가 전혀 없다.

4명 이하 사업장을 적용 제외 대상으로 한 근로기준법을 바꿔야 한다. 기숙사 관련 규정 등 현실에 부합하지 않고 적용 필요도 높지 않은 일부 조항을 제외하고는 4명 이하 사업장에도 근로기준법이 전면 적용되게 해야 한다. 근로기준법 제11조를 아예 삭제하고 현실에 맞지 않는 몇 개 조항에 대해서만 4명 이하 사업장에 적용하지 않는다는 규정을 두거나, 시행령 7조 별표 1의 항목을 대폭 늘리면 된다. 4명 이하 모든 사업장에 근로기준법을 일시에 전면 적용하기 어렵다면, '가맹사업거래의 공정화에 관한 법률'의 규율을 받는 프랜차이즈 가맹점부터 먼저 전면 적용하고, 시차를 두어 다른 사업장까지 전면 적용을 확대하면 된다.

: '진짜 사장'은 프랜차이즈 본부

하지만 이것은 프랜차이즈 가맹점 알바들이 근로기준법의 적용에서 배제된 것을 극복하고 최저임금이라도 제대로 받기 위한 최소한의 조치에 불과하다. 청년 노동자들의 다수를 최저임금 수준에 놓아두어서는 안 된다. 그 이상으로 나아가려면, 프랜차이즈 본부가 만들어낸 경제적·조직적 종속관계의 실질을 새로운 시각에서 볼 필요가 있다. 청년 노동자들에게 개별적 근로관계에 대한 국가의 보호뿐만 아니라 노동3권 보장까지 이뤄져야 그 이상의 진전이 가능하다. 단결권 보장이 가장 필요한 사람들이 프랜차이즈 알바들이다. 편의점마다 뿔뿔이 흩어져 혼자 일하는 알바로서는 자신이 직접 노동조건을 바꿀 수 있는 길이 있다고는 생각조차 할 수 없기 때문이다. 이들이 단결할 수 있고 단체교섭할 수 있는 방법을 마련하고 보장해야 한다.

미국 노동관계위원회는 시급 인상과 노동조합 결성권을 요구하는 맥도날드 노동자들에게 맥도날드 본사도 가맹점 노동자들의 임금 규정, 부당해고 등 노동조건에 연대책임을 져야 한다고 결정했다.[26] 맥도날드 본사가 "노동자들의 고용주는 가맹점이지 본사가 아니다"라고 책임을 회피했지만, 노동관계위원회는 프랜차이즈 노동자들의 노동조건 개선을 위해 프랜차이

즈 본부가 교섭의무를 진다고 판단한 것이다. 일본 지방노동위
원회는 편의점 가맹점주들이 노동조합을 결성해 프랜차이즈
본부에 단체교섭을 요구하자 이에 응하라는 구제명령을 내렸
다.[27] 프랜차이즈 알바들이 프랜차이즈 본부와 단체교섭을 하
고, 심지어 가맹점주도 근로자로 인정받다니, 한국에서는 아직
꿈도 꾸지 못한 일이다. 이 나라들에서는 어떻게 이런 판단을
할 수 있었을까.

경제적·조직적 종속을 중심으로 보면, 프랜차이즈 본부와는
아무 관계없이 가맹점 사장님이 고용한 알바라는 외형의 틀에
갇힐 이유가 없다. 프랜차이즈 알바들의 노동조건을 실제로
바꿀 수 있는 경제적 결정권을 가진 존재는 개별 가맹점주가
아니다. 프랜차이즈 본부가 가맹점주로 하여금 노동법 위반 사
례가 없도록 강제해야 알바들이 최저임금도 못 받는 일이 줄

26 McDonald's USA, LLC, a joint employer, et al. Case Number: 02-CA-093893,
New York, 11/29/2012.; 국제노동법연구원, 『미국 일본 부당노동행위 구제명령
사례 비교연구』(중앙노동위원회 정책연구용역사업, 2015년 12월 30일), 65~70쪽.

27 2014년 3월 13일 일본 오카야마(岡山) 현 노동위원회는 프랜차이즈 체인으로
편의점 사업을 하는 세븐일레븐 재팬에 대해, 가맹점주들이 결성한 노동조합과
단체교섭에 응하라는 구제명령을 내렸다. 편의점 노조에 소속된 가맹점주는 노
조법상의 근로자, 가맹본부의 단체교섭 거부는 노조법 제7조 제2호에 해당하는
부당노동행위라는 판단이다. 박제성 외, 『프랜차이즈 노동관계 연구: 하청노동
연구(I)』(한국노동연구원, 2014), 201쪽에서 재인용.

어들고, 가맹점주와 계약내용을 바꿔야 알바들의 노동조건이 바뀐다. 알바들의 노동조건을 향상시키기 위해 가장 중요한 요소는, 프랜차이즈 본부의 방침인 것이다. 고용노동부도 이를 모르지 않는다. 서울고용노동청은 프랜차이즈 본부인 롯데리아와 청소년 근로조건보호를 위한 MOU[28]를 체결했다. 롯데리아는 그 일환으로 롯데리아, 엔제리너스 가맹점주 800여 명을 대상으로 노동관계법 준수 교육을 시행하고 '롯데리아 아르바이트 10계명'을 제정해 운영했다.[29] 프랜차이즈 본부의 방침에 따라 알바들의 노동조건이 실질적으로 결정된다.

더 나아가, 프랜차이즈 본부들이 회원인 한국프랜차이즈산업협회[30]는 2012년부터 2015년까지 최저임금위원회 사용자위원으로 참여해왔다. 협회가 회원사들의 의견을 모아 알바들 절대 다수의 노동조건을 결정하는 최저임금 결정 문제에 실질적으로 관여해온 것이다. 프랜차이즈 본부가 알바들의 노동조건

◇◇◇◇◇◇

28 서울고용노동청, 2014년 12월 9일 자 보도자료, 「서울고용노동청, 롯데리아와 청소년 근로조건보호를 위한 MOU 체결」

29 〈이데일리〉 2016년 5월 1일 자, 「롯데리아, 근로자의 날 정부 포상 '고용노동부장관상' 수상」.

30 최저임금위원회 홈페이지에 실린 최저임금위원회 위원 명단에는 '한국프랜차이즈협회'로 기재되어 있다.

에 대해 실질적인 결정권을 가지고 있음이 드러난 셈이다. 이렇듯 프랜차이즈 본부는 국가 차원의 최저임금위원회에는 사용자 지위로 참여하는 반면 정작 알바들을 직접 상대하여 노동조건에 대해 책임지는 모습은 찾아볼 수 없다.

알바들이 개별 가맹점 안에 갇히지 말고 프랜차이즈 본부를 상대로 노동조합을 만들고 교섭을 요구해야 한다. 가맹점주들의 단체와 함께 프랜차이즈 본부가 알바들의 실질적 사용자로서 알바 노동조건과 관련해 공동 교섭의무를 져야 한다. '비정규직의 노동3권 보장과 정규직 전환 특별법'을 만들어 단체교섭 의무 있는 사용자를 근로조건 결정 및 변경에 실질적인 결정권을 가진 자로 확대하면 될 일이다. 그러면 프랜차이즈 본부를 상대로 한 알바들의 단체행동권도 당연히 보장된다.

소규모 점포 알바

: 단체교섭 상대방 찾아내기

대기업 프랜차이즈가 아닌 음식점 등 소규모 점포에서 일하는 알바들도 노동3권을 행사할 수 있을까. 지금으로서는 꿈도 꾸기 어려운 일이다. 일단 한 점포 안에 알바 한두 명뿐이니 노동조합을 만들 동료가 없다. 그나마 점포가 좀 커서 알바가 몇 명이라도 되어 함께 의견을 모아 사장님한테 교섭하자고 말 꺼내봐도 자신들의 요구를 관철시키기 위해 파업을 할 수도 없다. 특별한 숙련이 필요하지 않은 알바 정도는 얼마든지 최저임금 수준으로 새로 구할 수 있는데 어느 사장님이 파업한다고 요구를 들어주겠나. 음식점 알바는 물론 소규모 사업장에서 일하는 정규직 노동자들도 같은 문제에 부딪힌다.

소규모 점포나 소규모 사업장 노동자들이 노동3권을 제대로 행사할 수 없는 상황을 극복하기 위해 만드는 노동조합이 '일반노조'나 '지역노조'다. 일정한 지역 안에 있는 수십 수백 개 소규모 사업장 노동자들을 조합원으로 받아들이고, 그 노동자들을 고용한 개별 사용자들을 상대로 노동조합 차원에서 교섭을 요구하는 것이다. 하지만 이렇게 개별 사용자를 상대로 일일이 교섭하려면 단체교섭에 시간과 노력이 무척 많이 든다. 몇몇 사용자들과 단체교섭에 성공해 그 점포나 사업장의 임금을 올리거나 노동조건을 낫게 바꾸더라도 그 지역 점포들 대부분의 노동조건이 그보다 낮은 수준에 계속 머물러 있으면 그 성과도 계속 유지하기 어렵다.

이때 필요한 것이 바로 노동조합이 '사용자단체'와 교섭하고 이 단체를 상대로 그 지역 노동자들이 집단적으로 파업 등 단체행동을 해서 노동조건 개선을 이뤄내는 것이다. 그러려면 교섭 상대방인 '사용자단체'가 존재하고 이 사용자단체에 대해 노동조합법상 교섭의무가 주어져야 한다. 문제는 이 교섭의무를 지는 노동조합법상 '사용자단체'가 흔치 않다는 점이다.

전국 차원에서, 시도별로, 구별로, 사단법인 한국음식업중앙회부터 시작해서 각 업종별 단체들이 촘촘히 구성되어 활동하고 있다. 상가별 상인회도 빠짐없이 구성되어 있다. 전국 차원에서 모든 경영자들을 포괄하는 단체도 있다. 한국경영자총협회(경총)가 그것이다. 그런데 이 단체들은 대부분 노동조합법이 교섭의무를 부과하는 "사용자단체"에 해당하지 않는다는 것이 법원의 판단이다.

노동조합법은 제2조 제3호에서 "사용자단체"를 "노동관계에 관하여 그 구성원인 사용자에 대하여 조정 또는 규제할 수 있는 사용자의 단체"라고 정의한다. 법원의 견해는, 이 "사용자단체"라고 하려면 단체의 목적에 노동조합과 단체교섭하고 단체협약을 체결하는 것이 규정되어 있어야 한다는 것이다. 또 이 단체가 구성원인 각각의 업주들에 대해 통제력을 가지고 있어야 한다는 것이다.[31] 이에 따르면 업주들이 어떤 단체를 만들더라도 정관이나 규칙에 단체교섭이나 단체협약 체결이 단체의 목적이라고 명시하여 규정하지 않는 이상, 노동조합법상 '사용자단체'임을 아주 쉽게 피해나갈 수 있게 된다. 결국 소규모 점포 알바를 포함해 소규모 사업장의 노동자들은 교섭상대방을 찾아내지 못해 노동3권을 행사할 길이 막혀 있는 셈이다.

그런데 조금 더 살펴보면, 경총부터 시작해 각 업종별 단체까

◇◇◇◇◇◇◇

31 대법원 1999. 6. 22. 선고 98두137판결이 대표적인 사례다. 여수 순천 지역 음식점 노동자들로 구성된 '여순요식 노동조합'이 음식점 업주들의 단체인 '사단법인 한국음식업중앙회 여수시지부'로부터 부당노동행위를 당했다며 노동위원회에 구제신청하면서 시작된 사건이다. 대법원은 '사단법인 한국음식점중앙회 여수시지부'는 목적이나 사업에 노동조합과의 단체교섭 및 단체협약 체결에 관한 사항이나 노동관계 사항을 규정한 바 없어 노동조합법상 '사용자단체'가 아니라고 판단하고, 부당노동행위를 중단하라고 구제명령한 노동위원회의 판정이 잘못되었다고 판결을 내렸다. 이 단체는 일반음식점 허가를 받아 영업하는 자들을 구성원으로 식품위생법 제44조에 따라 조직된 동업자조합일 뿐이고, 그 목적도 회원들의 화합과 권익 증진, 식문화 향상 도모, 국민보건향상에 이바지하는 것으로 정해져 있을 뿐 노동조합과 단체교섭이나 단체협약 체결이 목적에 들어 있지 않다는 것이다.

지 사용자들이 소속된 각 단체들은 국가나 지방자치단체를 상대로 회원들의 요구조건을 내걸고 관철시키는 이익단체로서 활동한다. 업종별 규제 문제나 세금 부과를 비롯한 관련 정부 정책에 대해 의견을 낼 뿐만 아니라 집회도 연다. 철시 등 단체행동도 한다. 또한 이들 단체들은 회원들로부터 회비도 걷고 준수사항도 내려 보내며 결정사항을 강제할 방법도 마련해둔다. 위반하는 회원들에게는 불이익도 준다.

노동관계 사항만 이 활동에서 완벽하게 제외되어 있는 것도 아니다. 노동자들과 직접 단체교섭하는 것을 거부했을 뿐, 노사관계에 관해 정부 차원의 공적 의사결정이 필요한 때에는 적극 참여해왔다. 경총은 최저임금위원회가 생긴 1987년부터 30여 년 동안 한 해도 빠짐없이 사용자위원으로 참여해 최저임금 결정에 적극 관여해왔다.[32] 이렇듯 이들 단체들은 노동관계법에 규정된 위원회에 사용자 측 위원을 선정한다.

이렇게 회원인 사용자들의 이익을 위해 국가기관을 상대로 활동할 뿐만 아니라 노사관계의 공적 의사결정에 참여해온 단체라면, 회원들이 고용한 노동자들을 상대로도 자신들의 이해관

◇◇◇◇◇◇◇

32　최저임금위원회 홈페이지 역대 위원 명단에서 확인.

계를 대변하여 교섭할 수 있고 합의사항을 이행할 능력이 있다고 보아야 맞다. 이 단체들로 하여금 회원들의 노동자들로 구성된 노동조합을 상대로 교섭할 의무를 지게 하면 된다. 노동조합법 제2조 사용자단체의 정의규정을 개정해서, "동종업계 이익 증진을 목적으로 설립된 단체도 회원에게 노무를 제공하는 자들로 구성된 노동조합과 단체교섭하고 단체협약을 체결할 권한이 있다."고 법으로 정하면 될 일이다.

: 노동운동의 새로운 주역, 청년 알바

민주노총을 비롯한 기존 노동조합들은 이미 오래전부터 사용자들이 소속된 단체들이 노동조합법상 '사용자단체'가 아니라고 주장하면서 산별교섭을 거부하는 현실이 큰 문제임을 지적해왔다. 전체 노동자들의 노동조건을 개선하기 위해서는 개별 사업장의 벽을 넘어 초기업 노조를 만들어 그 차원에서 함께 단체교섭하고 단체행동해야 한다. 그 가운데서도 산별노조는 가장 중요한 조직형태. 산별노조가 단체교섭으로 얻어낸 노동조건 개선이 그 산업의 비정규·미조직 노동자에게까지 적용되게 하는 것, 곧 '산별 단체교섭 효력 확장'이 그 산업에 종사하는 노동자 전체의 노동조건을 빠르고 안정되게 향상시키는 지름길이기 때문이다.

하지만 애써 산별노조를 만들어도, 노동조합법상 '사용자단체'의 인정 범위가 좁기 때문에, 교섭은커녕 일단 교섭에 응할 의무가 있는 사용자단체를 찾아내는 것부터가 몹시 어려웠다. 그러니 산별교섭을 시작할 수조차 없는 경우가 많았다. 또 사용자들 중 일부와 집단교섭을 시작해도 정작 규모가 큰 사용자들은 이 집단교섭에 들어오지 않아 집단교섭의 성과를 거두기도 어려웠다. 한편 정규직 노조는 개별 사용자와 개별교섭을 해도 임금과 노동조건에서 일정한 진전을 이룰 수 있었다. 이미 1987년 민주화운동의 성과로 노동조합을 만든 정규직 노동자들로서는, 산별교섭이 아니면 노동조건을 개선할 수 없는 상태는 아니었던 것이다. 1997년 IMF 사태 이후로 생겨난 비정규직 노동자들이 노동조합조차 만들기 어려운 상태에 놓인 것과 다른 점이다. '산별교섭 법제화'는 민주노총의 중요 과제이지만, 별다른 진전이 없는 채로 20년이 흘렀다. 더 큰 문제는, 산별교섭이 정체된 사이 정규직은 줄고, 하청 파견 특수고용 노동자들은 늘고, 노동조합 조직률은 반토막난 것이다.

이 문제는 단지 교섭 형식 차원의 문제가 아니다. 노동자의 단결권을 실질적으로 보장하는 문제이고, 특히 노동조합에 가입하지 않은 노동자의 노동조건을 어떻게 향상시키느냐는 문제로서 매우 중요한 쟁점이다. 특별한 변화의 계기 없이 정체되어 있던 이 문제에서 눈에 뜨일 만한 확실한 진전은, 사용자단체와 산별교섭이 아니어도 개별 사용자와 단체교섭이 가능한 기존의 노동운동이 아닌, 사용자단체와 단체교섭하지 않으면 개별 사용자와는 단체교섭조차 불가능한 상태에 놓인 알바들로부터 이루어질지도 모른다.

1980년대 이후 오랫동안 노동운동과 진보운동에 몸담은 사람들은 대부분, 대공장 정규직 노동자들이 성취하는 성과가 비정규직과 알바들, 저임금 노동자들에게 퍼져나가리라 생각해왔다. 나 역시 그러했다. 그러나 이제는 오히려, 알바들과 비정규직 노동자들이 열어내는 새로운 길이 대공장 정규직 노동자 중심의 노동운동의 막혀버린 상상력을 자극할 것이다. 사용자단체와 교섭하지 않는 한 개별 사용자와 교섭을 시도해볼 수조차 없는 알바들이 자신들의 노동조건 개선을 위해 교섭상대방인 사용자단체를 찾아낸다면, 그 결과 기존의 노동운동 앞에 닫혀 있었던 산별교섭의 문도 함께 열릴 것이다. 산별교섭을 통해 정규직 노동자들의 삶도 더 낫게 바뀌어갈 것이다.

한 시대가 가고, 새로운 시대가 온다. 최소한의 노동3권도 인간으로서 존엄도 보장받지 못하고 뿔뿔이 흩어진 채 일회용 종이컵처럼 쓰고 버리는 존재였던 알바들과 비정규직 노동자들이 그 새로운 시대의 주역이 될 날이 멀지 않았다.

청년과 청소년 노동은 노동법 보호의 사각지대에 있다. 가장 낮은 처우의 비정규 노동만이 이들에게 주어진다. 노동하는 청소년이 헌법에 쓰여진 것처럼 "특별한 보호"의 대상이 되는 것이 아니라 드러나지 않는 특별한 착취와 유린의 대상으로 전락하는 것, 노동하는 청년과 청소년들이 합법적으로 근로기준법의 보호 대상에서 제외되어버린 것, 청년 노동자들이 최저임금과 고용불안과 산업재해의 위험에 노출되어 인간으로서 존엄을 빼앗기고 있는 것이 2016년 대한민국의 현실이다. 사회에 첫 발을 내디딘 청소년, 청년 노동자들에게 한국 사회가 가져다주는 것은, 자기 힘으로는 어떤 개선도 가능할 것 같지 않은 노동조건, 그리고 냉정한 개인 책임뿐이다.

청소년, 청년 노동자들은 노동조합을 갖기도 어렵다. 실습생들에게 조합원 가입자격을 부여한 노동조합은 한국에서는 찾아볼 수 없다. 하청업체 다니면서 노동조합 가입하면 잘려나가기 십상이다. 편의점 알바가 노동조합을 떠올리고 파업을 꿈꿀 수 있을까. 자신이 감당할 수 없는 사업자등록까지 해야 하고 모든 위험은 다 뒤집어써야 하는 배달 알바, '청소년 특수고용'이 노동조합을 만들 수 있을까. 노동자이되, 근로기준법의 보호에서도 노동조합법의 보호에서도 배제된 존재가 청소년, 청년 노동자들이다.

젊은이들이 노동조합을 만들어 자신의 목소리를 내고 불안정한 노동조건을 스스로 바꿀 수 있어야 인간으로서 존엄을 찾게 된다. 그래야 주권자로서 힘도 제대로 발휘할 수 있다. 그래야 새로운 세상을 향한 에너지가 모인다. 촛불혁명으로 세상을 바꿀 수 있다고 한 번쯤 생각해본 젊은이라면, 이제 자신의 노동조건과 삶의 조건을 스스로 바꿀 수도 있겠다고 시도해볼 수 있지 않을까?

1987년 6월항쟁의 열기는 7, 8, 9월 노동자대투쟁으로 이어져 오늘날의 대기업 정규직 노동조합을 낳았고 민주노총을 만들어냈다. 박근혜 대통령을 끌어내리는 촛불혁명의 열기는 어디로 이어질까. 젊은이들, 비정규직 노동자들로부터 분출하지 않을까.

홀로 흩어진 청년 노동자들, 노동자라 불리지도 못한 비정규직 노동자들이 이제 곳곳에서 같은 처지의 동료들과 노동조합을 만들고 새로운 형태의 단체교섭과 단체행동을 만들어나갈 것이다. 그때 '노동자'의 범위는 더 이상 근로기준법과 노동조합법이 만들어놓은 좁은 틀 안에 갇히지 않게 된다. 경제적·조직적 종속 상태에서 사용자에게 이익을 가져다주며 일해온 수없이 다양한 형태의 일하는 사람들이 비정규직과 특수고용이라는 딱지를 떼고 스스로에게 '노동자'라는 이름을 부여한다. "노동자 민중이 나서야 세상을 바꿀 수 있다"는 87년 7, 8, 9월 노동자대투쟁의 역사는 자신의 삶을 바꾸려는 청년, 비정규직 노동자들의 진출로 비로소 더 크게 되살아날 것이다. 청년들과 비정규직 노동자들이 이제 자신들의 손으로 새로운 시대를 연다. 진보정치가 그 든든한 밑받침이 되기를 바란다.

4장

촛불혁명의 주인공들에게

정치는 혐오스러운 것?

2016년 겨울, 친구들과 촛불집회에 몇 번 나가본 열아홉 살 학생들과 대화할 기회가 있었다. 학생들의 첫 번째 질문은, "정치는 맨날 자기들끼리 싸움만 해, 다 더러워." 하는 정치혐오에 대해 뭐라고 설득해야 하느냐는 것이었다. 자신들은 이제 관심을 갖고 나서보지만, 부모님이나 친구들이 이렇게 말하면 어떻게 답해야 할지 고민스럽다는 이야기다.

아마 이 학생들은 이제 곧 일터에서 대학에서 세상을 만나갈 것이다. "세상이 뭐 이래." 하거나, 바꿔보려고 해도 마음 같지 않은 상황을 겪으면서 "세상이 다 그래."라고 말하게 될지도 모른다. 많은 사람들이 이런 크고 작은 좌절을 경험하면서, 정치가 잘못된 일 하나도 바로잡지 않는 것을 보면서, 정치혐오를 품게 된다.

그 혐오를 십분 이해한다. 한국 정치는 혐오와 기피의 대상이 될 만했다. 집권세력은 자신들의 사익을 위해 주권자인 국민을 무시하고 민주주의를 무너뜨리고 정치적 반대자들을 짓밟으며 권력남용과 부정비리를 저질렀다. 야당 역시 자기 자리를 보전하기 위해 국민의 명령을 무시하고 집권세력의 권력남용을 눈감아주었다. 사랑의 반대말은 증오가 아니라 무관심이라 하지 않던가. 반대보다 더 무서운 것이 아예 상대해주지 않는 것이다. 어떤 정치세력에 반대하는 것만으로는 채 풀리지 않을 만큼 오래 쌓인 실망감이 정치 전체에 대한 혐오와 기피로 나타나는 것은 지극히 당연한 일이다.

학생들이 대학에 가게 되면, 학생회 규칙에 학생회장 선거 투표율이 50%를 넘지 않으면 선거 자체를 무효화하게 해둔 것을 경험하게 될 것이다. 참여를 거부하고 외면하는 행위에도 적극적인 의사표현으로서 의미를 부여한 것이다. 실제로 50% 투표율을 넘기지 못해 학생회장 선거가 무효가 되는 경우가 꽤 있었다. 주권자의 의사표시 가운데 반대보다 더 무거운 것이 아예 선거 자체를 거부하고 투표에 참여하지도 않는 보이콧이다.

일터에서 노동조합에 가입하게 되면 노동조합 임원 선거는 아예 법률로 투표율 50%를 넘겨야 유효한 선거로 인정하도록 강제되는 것도 보게 될 것이다.[1] 더구나 노동조합이 쟁의행위에 들어가기 전 조합원 과반수 이상의 찬성을 얻지 못하면 그 쟁의행위는 형사처벌 대상이 된다.[2] 정치가 노동조합의 민주성 확보를 목적으로 강제규정을 만들어놓은 것이다.

그러나 안타깝게도 한국 정치는 스스로에 대해서는 이런 혐오와 기피조차 거들떠보지 않아도 되는 장치를 이미 만들어두었다. 현재의 선거제도 아래서는 국회도 정부도 아무리 엄청난 보이콧 사태가 벌어져도 두려워할 이유가 전혀 없다. 무조건 다수 득표자가 국회의원이 되고 대통령이 되는 선거제도이기 때문이다. 심지어 출마자가 한 사람이면 찬반 투표조차 없

---

1   노동조합 및 노동관계조정법 제16조(총회의 의결사항) ① 다음 각호의 사항은 총회의 의결을 거쳐야 한다.
2. 임원의 선거와 해임에 관한 사항
② 총회는 재적조합원 과반수의 출석과 출석조합원 과반수의 찬성으로 의결한다.(단서 생략)

2   노동조합 및 노동관계조정법 제41조(쟁의행위의 제한과 금지) ① 노동조합의 쟁의행위는 그 조합원의 직접·비밀·무기명투표에 의한 조합원 과반수의 찬성으로 결정하지 아니하면 이를 행할 수 없다. (2문 생략)

제91조(벌칙) …제41조 제1항…의 규정을 위반한 자는 1년 이하의 징역 또는 1천만 원 이하의 벌금에 처한다.

이 무투표 당선이다. 국회의원 보궐선거 투표율이 25%도 되지 않고 선거구민 10%가량의 지지만으로 선출되는 경우도 있다.[3] 노동조합이나 학생회보다 못하다. 지방자치단체장이나 지방의원에 대한 주민소환투표는 투표율이 33.3%를 넘지 못하면 아예 개표를 하지 못한다. 주민소환법에 정한 원칙이다.[4] 소환될 때는 유권자의 일정 수 이상이 투표해야만 하는데, 당선될 때는 아무런 요건 없이 무투표 당선까지도 가능한 셈이다. 소환은 어렵고, 당선은 쉽다.

수구세력이 정권을 재창출하는 가장 간단한 방법도 투표율을 낮추는 것이다. 2011년 10월 서울시장 보궐선거 투표일에, 한나라당 관계자들이 중앙선관위 홈페이지를 디도스 공격해 멈춰 세웠다가 발각된 일까지 있었다. 당시 보궐선거에서 투표소

◇◇◇◇◇◇◇

3 2014년 7월 30일 치러진 광주 광산 을 국회의원 재보궐선거 투표율은 22.3%였고, 권은희 후보 득표율은 60.6%였지만 전체 유권자의 13.5% 지지에 머물렀다. 첫 주민 직선으로 치러진 2009년 4월 9일 경기 교육감 선거의 투표율은 12.3%였다. 김상곤 당선자 득표율은 40.8%였지만 득표수는 전체 유권자의 5%에 불과했다.

4 주민소환에 관한 법률 제22조(주민소환투표결과의 확정)
① 주민소환은 제3조의 규정에 의한 주민소환투표권자(이하 '주민소환투표권자'라 한다) 총수의 3분의 1 이상의 투표와 유효투표 총수 과반수의 찬성으로 확정된다.
② 전체 주민소환투표자의 수가 주민소환투표권자 총수의 3분의 1에 미달하는 때에는 개표를 하지 아니한다.

들이 상당수 바뀌었는데, 유권자들이 바뀐 투표소를 쉽게 찾아보지 못하게 하려는 것이었다. 젊은 층의 투표율이 노년층에 비해 크게 낮은 상황에서, 투표율을 올리려면 젊은 층이 쉽게 투표할 수 있게 해야 한다. 긴 노동시간 때문에 투표시간조차 보장받기 어려운 처지의 비정규직 노동자들이 투표에 참여할 수 있게 해야 한다. 투표시간 연장을 위해 노력해야 할 이유다. 하지만 수구세력은 투표시간 연장도 한사코 가로막아왔다. 젊은 층의 상당수는 야당 지지층이므로, 수구세력은 18세 선거연령 인하에도 반대해왔다.

이런 정치가 정말 싫다면, 유권자들의 혐오와 기피가 얼마나 무서운 것인지를 깨닫게 할 제도라도 만들어놓고 의사표현을 해야 한다. 그러지 않고 수구세력은 부끄러움조차 느끼지 않는데 유권자들은 정치를 외면하기만 한다면, 바뀌는 것은 아무것도 없다. 지금은 정치혐오가 아니라 정치 감시와 참여로 대응해야 할 때다.

정말 나쁜 법은 국민들이 알지 못하는 사이에 국회에서 조용히 통과된다. 국민들이 알게 되면 논쟁이 벌어지고 독소 조항들을 일부라도 바꾸게 된다. 하지만 알려지지도 않으면 나쁜 조항들이 아무 통제 없이 고속으로 처리된다. 부끄러운 이야기이지만, '대한민국헌정회 육성법', 일명 '국회의원 연금법' 개정이 그랬다. 첫 관문인 국회 운영위 법안소위 위원이었던 내가 안건을 미리 검토하지 못하고 회의 석상에서 급하게 훑어보다가 판단을 그르치자, 개정안은 본회의까지 그대로 무사통과됐다. 뒤늦게 언론과 시민들의 지적을 받고 나서야 잘못이었음을 깨닫고 즉시 국회의원 연금을 없애는 개정안을 준비했지만, 국회의원들의 무언의 담합으로 발의 의원 10명을 모으기도 어려웠고, 18대 국회가 끝나면서 임기만료폐기되고 말았다. 19대 국회에 이르러 국민들의 비판으로 연금 지급 범위가 줄어들었지만, 일반 국민들과 달리 전직 의원들에게만 연금을 지급하는 제도 자체는 여전히 남아 있다. 한번 법적 근거가 주어지고 나면 잘못된 제도일지라도 완전히 없애기 어려워지는 것이다.

집권세력은 가능한 한 국민들의 통제 없이 자신이 원하는 일을 처리할 수 있기를 바란다. 이명박 정권이 4대강 사업을 강행하기 위해 국가재정법 시행령을 바꾼 것이 단적인 예다. 일정 규모 이상의 국책사업이면 모두 거쳐야 하는 예비타당성 조사를 피하기 위해, 4대강 사업 예산이 논란의 대상이 되기 전에 이미 시행령을 바꿔버렸다. 법은 국회가 의결해야 바꿀 수 있지만 시행령은 국회의 사전 통제 없이 대통령 권한으로 바꿀 수 있는 점을 악용한 것이다. 그 때문에 4대강 사업은 과연 경제성이 있는지 검증하는 절차를 건너뛰어 일사천리로 진행됐다. 시행령 개정 시 정부가 국회의 통제를 받지 않는 것을 악용하는 이런 문제는 2015년 국회의 시행령 개정 요구권을 신설하는 내용으로 국회법을 바꾸면서야 일단락되었다. 하지만 4대강 사업은 2010년부터 2012년까지 모두 끝나버렸고 강은 이미 썩어 들어가버렸다.

정치가 혐오와 기피의 대상으로 남고 무관심의 대상이 될수록 정치는 더욱 나빠지고 현실이 개선될 가능성도 줄어든다. 국민의 감시와 통제가 제대로 이루어진다면 모두 막을 수 있는 일들이다.

정치에 의견을 내고 참여해야 하는 이유는, 정치가 우리 삶의 틀을 만들기 때문이다. 2004년 6월까지는 모두들 주 6일 출근했고 학생들도 토요일 오전까지 매주 수업을 받았다. 근로기준법에 주당 기준근로시간이 1주 44시간으로 되어 있었기 때문이다. 2004년 7월 이후 근로기준법 개정으로 기준근로시간이 1

주 40시간으로 줄어들면서[5] 비로소 주 5일제가 시작되었다. 건설현장이나 판매 서비스업 등이 아니면 토요일은 쉬는 날이 되었다. 2012년부터는 학생들 토요 격주 수업도 사라졌다. 사람들은 여가 시간을 하루 더 갖게 되었다. 전과 같은 시간을 일하더라도 기준근로시간이 줄어 연장근무수당이 늘어났다. 국회에서 근로기준법에 숫자 하나 바꾼 것이 우리 사회 대부분 사람들의 생활을 바꿨다.

하지만 여전히 대한민국은 OECD 국가들 중 노동시간이 두 번째로 긴 나라다.[6] 프랑스는 이미 2000년에 주 35시간 노동제로 진입했지만, 우리나라에는 구의역 사고로 사망한 김 군처럼 밥 한 끼 제대로 챙겨먹지 못하고 일하는 청년 노동자들이 아직도 많다. 한 사람 한 사람의 노동시간을 더 줄이고 여가를 늘리며 더 많은 사람들이 일자리를 나누는 일을 가능하게 하는 것이 바로 정치다. 정치를 통해 내 삶을 더 낫게 바

◇◇◇◇◇◇◇

5   근로기준법 제50조(근로시간)
      ① 1주간의 근로시간은 휴게시간을 제외하고 40시간을 초과할 수 없다.
      ② 1일의 근로시간은 휴게시간을 제외하고 8시간을 초과할 수 없다.

6   2016년 8월 5일 OECD '2016 고용동향'. 한국의 2015년 기준 국내 취업자 1인당 평균 노동시간은 2,113시간으로 OECD 회원국 34개국 평균(1,766시간)보다 347시간 많다. OECD 국가 중 연간 평균 노동시간이 가장 적은 독일 취업자의 연간 평균 노동시간은 1,371시간이다. 한국 취업자는 독일 취업자보다 4.2달 더 일하고 연간 평균 실질임금은 독일의 73%, 시간당 실질임금은 절반 수준이었다.

꿀 수 있다. 정치혐오 때문에 정치를 정치인들만의 것으로 두면, 결국 내 삶도 그들이 만든 틀 안에서 만들어질 수밖에 없다. 내 삶을 바꾸려면 정치를 감시하고 정치에 참여하고 나서야 한다.

용기와 신뢰

학생들의 마지막 질문은 이것이었다. "박근혜 대통령이 퇴진하고 나면 어떻게 해야 해요?" 대통령이 물러난다고 해서 세상이 한꺼번에 바뀌는 것이 아니라는 것을 이미 학생들은 잘 알고 있었다. 박근혜 대통령을 만들고 헌법위반과 국정농단 사태를 만든 더 큰 세력이 있지 않으냐, 한국 사회의 구조가 있지 않으냐, 그것을 바꾸기 위해서 해야 할 일이 무엇이냐는 질문이었다.

박근혜 정권 아래서 일어났던 숱한 부정과 비리에 대해 여러 사람들이 입을 열어 말하기 시작하면서 2016년 겨울의 촛불혁명은 성공의 길로 들어섰다. 이들이 모두 입을 닫고 있지 않았다면, 백 명 가운데 단 몇 명만이라도 진작 용기를 내어 말할 수 있었더라면, 그렇게 심각한 부정과 엄청난 규모의 비리가 저질러지는 것이 가능했을까. 대기업이 뇌물을 주고 막대한 이익을 얻는 일이 어찌 한두 사람이 할 수 있는 일인가. 청와대가 블랙리스트를 만들고 실행한 것이 혼자 벌인 일이 아니지 않은가. 수많은 목격자들과 증인들이 생길 수밖에 없다. 그러나 이들 가운데 누구도 입을 열지 못했다. 사실을 아는 사람들이 침묵하는 동안 더 많은 재벌대기업들이 더 많은 돈을 뇌물로 바치고 그 대가로 이익을 취하거나 불이익을 피했다. 노동자들이 땀 흘려 일한 대가가 노동자들에게 임금으로 돌아가지 않고 박근혜와 그 측근들에게 돌아간 것이다. 블랙리스트로 경쟁자를 배제한 권력 측근들이 국민 세금을 자신의 욕심을 채우는 데 썼다. 서민들이 생활비를 아껴가며 낸 세금이 가난한 사람들의 인간다운 존엄을 위해 쓰여지는 대신 박근혜에 대한 비판을 잠재우고 용비어천가를 부르는 데 탕진된 것이다.

탐욕을 좇는 사람들만 문제였던 것이 아니다. 적지 않은 사람들이 자신이 받을 불이익을 피하기 위해 모두에게 피해를 입히는 일을 실행하고 침묵했다. 먹고살기 위해서, 찍히지 않기 위해서다. 엘리트 코스를 거쳐 양성된 영혼 없는 전문가들이 권력 측근들에게 이익 획득 방법을 알려주고 실행해주었다. 그런 사람들이 잘 사는 것을 보면서 사람들은 "세상이 다 그래.", "다들 그렇게 사는데 뭐."라고 말하게 되는 것은 아닐까. 작은 권력을 휘두르는 사람들에 대해서는 쉽게 고발하지만, 정작 막강한 권력을 가진 자들 앞에서는 아무도 말하지 못하는 상황이 계속되는 것 아닐까.

국민들 스스로가 입을 열어 말할 수 있는 용기를 갖는 것이 권력집단의 헌법유린을 막는 길이다. 용기는 어떻게 생기는 것일까. 혼자서는 용기를 내는 것조차 어렵다. 혼자 힘만으로는 그 행동의 결과 감당해야 할지 모르는 불이익 앞에 주저앉기 쉽다. 그때 필요한 존재가 바로 신뢰할 수 있는 동료다. 권력집단의 부정비리를 알고 있을지도 모르는 내 옆의 동료에게, 내가 그 용기를 키우는 믿음직한 동료가 되어줄 수는 없을까. 용기를 내어 말한 나의 동료가 불이익을 받고 쫓겨날 위험에 처할 때, 나와 나의 집단이 지켜줄 수는 없을까. 그 힘으로 권력자들의 국정농단을 중단시키는 긴 여정을 함께할 수 없을까.

내게 필요한 것, 노동조합과 진보정당

내 앞에 놓인 현실을 바꾸고 싶을 때 가장 필요한 것은, 나와 같은 처지에 있는 사람들과 함께 조직을 만드는 것이다. 같은 처지에 있는 사람들이 많다면, 분명 구조의 문제다. 그렇다면 나 하나의 처지를 바꾸는 것보다, 모두의 처지를 함께 바꾸는 것이 더 빠른 길이다. 나 혼자 할 수 있는 일을 생각하면 할 수 있는 것이 뻔하지만, 많은 사람들이 함께 생각하고 행동하면 쓸 수 있는 방법이 더 많아질 뿐만 아니라 사람 수보다 힘이 커진다. 2016년 겨울 촛불집회에 온 사람들은 집회에서 엄청나게 특별하거나 심각하게 결단이 필요한 일을 하지 않았다. 한 장소에 모여서, 촛불과 종이피켓 한 장을 들고, 노래를 듣거나, 간단한 몇 마디를 함께 외치거나, 좀 더 나아가서 함께 촛불을 껐다 켜는 일이 전부였다. 그러나 그 힘은 엄청났다. 같은 생각을 하는 사람들이 많이 모였기 때문이다. 모이는 것 자체가 힘이다. 같은 뜻을 가진 사람들이 모이면 힘이 커진다.

진보의 궁극적 지향에 대한 공감을 넓히는 것도, 근본적 입장을 지켜 진보적 대안을 만드는 것도, 진보적 상상력을 키우는 것도, 혼자서는 할 수 없다. 고정관념과 다른 말과 행동을 하는 것은 곧바로 고립의 위험에 맞닥뜨리는 일이다. 아이가 어른으로 성장하는 일은 자기 옆의 사람, 자신을 감싸고 있는 집단, 공동체로부터 이해받고 지지받고 격려받으면서 비로소 가능한 것이다. 성인이 되어 독립된 생활을 영위한다 해도 이 역시 주변 사람과 집단으로부터 유언 무언의 지지를 받고 있는 상태가 전제되어야 가능하다. 이상한 사람으로 취급되고 따돌

림당하는 것은 사람에게 있어 곧 생존의 위협과 같다. 주변 사람, 공동체와 관계 맺기에 실패하면 사람으로서 생존 자체가 흔들린다.

자신이 가지고 있는 생각을 유지하고 발전시키기를 원한다면, 자신과 비슷한 가치를 추구하고 함께 꿈꾸는 사람들과 관계 맺는 것은 꼭 필요한 일이다. 그래야 가치가 생명력을 얻고 발전해간다. 더 나은 세상을 향해 상상의 날개를 펴는 것도 사람들의 조직이 만들어져 그 힘으로 밑받침될 때 가능하다.

흔히, 조직은 일단 만들어지면 경직되어 그에 속한 개개인의 자유를 제한하거나, 그 조직이 다수가 되어 힘을 갖게 되면 그 조직 밖의 사람들이나 더 작은 조직을 상대로 권력을 행사하기 마련이라고 여긴다. 그러나 민주주의란 구성원들의 의사에 따라 각 개인의 자유와 평등을 보장하며 운영되는 조직을 이루기 위한 원리 아닌가. 조직이 커지면 권력이 생기고 그 속성은 반민주적인 것이라 단정하는 것은 민주주의란 불가능하다고 포기하는 것과 같다. 사회 전체의 민주주의를 실현하기 위해서도 작은 조직들을 자유롭고 인간다운 것으로 만드는 노력이 매우 중요하다.

인간으로서 존엄, 주권자로서 지위를 확보하기 위해 필요한 것이 바로 조직을 이루는 것이다. 조직 중에서도 노동조합과 정당이 가장 유용한 방법이다. 노동조합이야말로 노동자가 자신의 요구를 내걸고 사용자, 사용자단체와 교섭할 수 있는 유일한 법적 지위를 획득한 조직이고, 헌법에 의해 단체행동을 감행할 수 있는 권한을 유일하게 보장받는 조직이기 때문이다. 정당은 헌법상 그 자유로운 활동을 보장받는 조직이고 민주주의 실현의 핵심 수단이다. 노동조합 조직률과 단체협약 적용률[7]이 그 사회 구성원들의 삶의 수준을 좌우한다. 진보정당의 약진이 그 사회의 진보적 변화의 가능성을 높인다.

스웨덴은 복지가 잘 되어 있어 삶의 질이 높다고 알려졌다. 그 기반은 2014년 67.3%에 달하는 노동조합 조직률과 2007년에 91%에 이르는 단체협약 적용률이다.[8] 반면 2016년 우리나라 노동조합 조직률은 11.9%, 비정규직의 조직률은 2.6%에 머물렀다. 2012년 단체협약 적용률은 11.7%에 불과하다.[9]

노동조합의 힘이 커지는 것은 노동자들뿐만 아니라 한국 사회

<hr>

7   노동조합 가입 여부와 관계없이 단체협약의 결과를 적용받는 노동자의 비율.

8   e-나라지표, OECD 주요국의 노동조합 조직률.

9   e-나라지표, OECD 주요국의 단체협약 적용률.

전체를 위해서도 중요하다. 한국 사회에서 재벌대기업은 정치 권력에 못지않은 막강한 권력이다. 재벌대기업들은 권력자들에 뇌물 주고 특혜를 받으며 중소기업과 영세상인들의 생존까지 위협하고 노동자들을 더욱 냉혹한 경쟁으로 내몬다. 검찰도 법원도 재벌대기업의 위법행위를 제대로 단죄하지 못했고 언론은 더 말할 나위 없었다. 누가 통제할 수 있을까. 재벌들이 불법적이고 부당한 일들을 어떻게 기획하고 실행해 국민들과 다른 경제주체들에게 피해를 떠넘기는지를 가장 잘 알고 있는 사람, 증거도 모두 가지고 있는 사람들이 바로 재벌대기업의 노동자들이다. 그들이 노동조합으로 힘을 모아 재벌대기업을 제대로 감시하고 그 잘못을 드러낼 수 있다면, 세상은 더 빨리 바뀔 수 있다.

한국 사회에는 정당에 가입하거나 정치색을 드러내는 것을 꺼리는 정서가 여전히 크다. 교사 공무원의 정당 가입을 법률로 금지한다. 언론사 임직원이나 시민단체 간부들도 객관성을 유지하고 중립을 지켜야 한다는 이유로 정당 가입을 꺼리는 경우가 많다.

하지만 정치가 만들어놓은 삶의 조건을 국민들 스스로 바꿔나가는 것은, 같은 정치적 지향과 목표를 가진 조직으로 모여 함께 행동해야만 가능하다. 그것이 바로 정당이다. 국민들의 정치

참여를 위한 조직으로서 정당은 민주주의 실현의 수단이기도 하다. 정당의 존재는 민주주의의 핵심 요소로 받아들여져왔다.

그렇지만 한국의 정당들은 민주주의 실현이라는 역할을 제대로 해오지 못했다. 친일 독재세력의 후예인 수구 정당은 자신들의 이익을 위해 한국 사회 민주주의를 파괴했다. 보수 야당이 책임진 민주정부 10년 동안 민주주의는 일부 진전했지만 정작 근대 민주주의 형성의 기초를 이루는 핵심인 사상의 자유, 표현의 자유는 제대로 보장되지 못했다. 진보정당은 수구 정당과 보수 야당의 한계를 극복하려 했지만, 그 역시 성공적인 것이 되지 못했다. 그러나 민주주의를 지키고 발전시키며 당내 민주주의를 구현하는 제대로 된 정당의 필요성은 분명하고, 이를 위해 또 다시 새로운 시도에 나서는 것 역시 가치 있는 일이다.

한국사회에 특수한 재벌대기업의 존재로 인해 노동조합이 더욱 필요하듯, 재벌대기업의 횡포가 크기에 진보정당이 있어야 할 이유도 분명하다. 재벌대기업들은 자신의 이익을 위해 마음껏 법을 바꾼다. 경제부처에 근무하던 전직 관료들, 법률가들을 활용하면 장관들과 국회의원들 설득해 법률 바꾸는 것쯤이야 얼마든지 조용하고 원만하게 해낼 수 있다. 이를 제대로 통제하고 막으려면 강력한 진보정당의 존재가 꼭 필요하다. 재벌대기업이 부당하게 이익을 빨아들이는 것을 막고 국민들과 중소기업들, 노동자들에게 그 이익을 고루 나누게 하는 것도 법을 만들어야 비로소 실행된다. 힘을 가진 진보정당이 반드시 있어야만 하는 이유다.

인간으로서 자존감을 지키고 주권자로서 힘을 발휘하는 일은 우리 국민들이 함께 해내야 할 일이다. 진보정치의 역할은 이 길로 가자고 말하고 어떤 장애물이 있는지 장애물을 어떻게 치울 것인지 방법을 말해주고 좀 더 빨리 갈 수 있게 돕는 것뿐이다. 진보정치가 제 역할을 잘 하도록 크게 달라지고 발전해야 하는 것은 분명하다. 하지만 진보정치에게, 또 정치권 전체가 잘하라고 요구하는 것만으로 길이 열리는 것은 아니다. 결국 국민들 스스로 걸어가야만 길은 열린다.

옳고 그른 것을 자각한 내가 내 주변의 목격자들로부터 신뢰받는 사람이 되는 노력, 나와 내 동료들이 서로 힘이 될 수 있는 조직인 노동조합을 만드는 것, 나의 노동조합이 신뢰받는 조직이 되도록 만드는 꾸준한 노력이 역사를 바꾼다. 많은 사람들이 함께하면 더 빨리 이룰 수 있다. 촛불혁명을 경험한 젊은이들이 그리 멀지 않은 때에 "세상이 아무리 이래도 바꿀 수 있어."라고 말할 수 있기를 바란다. 진보정당이 그 길의 동행자이기를 바란다.